新媒体背景下产业经济发展研究

郑夏萱 著

中国戏剧出版社
CHINA THEATRE PRESS

图书在版编目（CIP）数据

新媒体背景下产业经济发展研究 / 郑夏萱著 . --北京 : 中国戏剧出版社, 2025.3. -- ISBN 978-7-104-05565-5

Ⅰ .F269.2

中国国家版本馆 CIP 数据核字第 20242VX291 号

新媒体背景下产业经济发展研究

责任编辑：齐　钰
责任印制：冯志强

出版发行：	中国戏剧出版社
出 版 人：	樊国宾
社　　址：	北京市西城区天宁寺前街 2 号国家音乐产业基地 L 座
邮　　编：	100055
网　　址：	www.theatrebook.cn
电　　话：	010-63385980（总编室）　010-63381560（发行部）
传　　真：	010-63381560

读者服务：010-63381560
邮购地址：北京市西城区天宁寺前街 2 号国家音乐产业基地 L 座

印　　刷：	北京鑫益晖印刷有限公司
开　　本：	787mm×1092mm　1/16
印　　张：	12.125
字　　数：	150 千字
版　　次：	2025 年 3 月　北京第 1 版第 1 次印刷
书　　号：	ISBN 978-7-104-05565-5
定　　价：	78.00 元

版权专有，违者必究；如有质量问题，请与出版社联系调换。

前言

产业经济学是一门基于产业视角、运用经济学理论研究一国范围内同一产业内企业间的竞争与合作关系及其对经济绩效的影响和相应的公共政策、不同产业之间的结构关系和经济技术关联及相应的产业政策的综合性应用经济学科。从传统的计划经济体制过渡到社会主义市场经济体制,是历史性的转变。这是我国实现现代化的必要条件。学习和研究产业经济学,既关系到当前经济结构的调整优化,又关系到长远经济的持续发展,还关系到产业经济学理论体系的丰富和完善。

改革开放以来,中国不仅形成了学习和研究市场经济学、发展经济学、新制度经济学、过渡经济学的热潮,而且也使产业经济学得以引进、介绍和发展起来,为中国的结构调整和合理化做出了重要的贡献。中国和世界产业经济的蓬勃发展以及全社会对产业经济学的广泛研究,为产业经济学的繁荣创造了绝好条件,一定能进一步促进产业经济学的成熟完善,使产业经济学这朵花开得更鲜艳多彩。

本书参考了大量的论著和教材,吸收了许多专家、学者的研究成果,特在此致以诚挚的谢意。由于学识有限、研究也不够,疏漏和谬误难以避免,热忱希望广大读者批评、指正。

目 录

第一章 产业经济学概述 1
  第一节 产业经济学的研究意义 3
  第二节 产业经济学的研究方法 6

第二章 产业结构概述 13
  第一节 产业结构的内涵 15
  第二节 产业结构理论及演进规律 25

第二章 产业结构优化与升级 39
  第一节 产业结构优化概述 41
  第二节 产业结构合理化 47
  第三节 产业结构高级化 53
  第四节 产业结构生态化 60
  第五节 区域产业结构优化 67

第四章 产业发展战略与规划 79
  第一节 产业发展规划的概念及内容 81
  第二节 产业发展规划分析方法与工具 90

第五章 新媒体背景下的产业经济发展 101
  第一节 新媒体概述 103
  第二节 新媒体融合对产业经济发展的影响 111
  第三节 产业经济与新媒体融合发展模式探究 115

第六章 网络经济条件下的产业经济发展 119
  第一节 网络经济的含义、特征及运行规律 121
  第二节 消费者预期与技术的选择 128
  第三节 产品兼容性及其效应 138
第七章 互联网革命与产业业态变革 143
  第一节 互联网革命与服务业业态变革 145
  第二节 互联网革命与制造业业态变革 162
  第三节 互联网革命与农业业态变革 175
参考文献 185

第一章 产业经济学概述

产业经济学是以"产业"为研究对象，研究产业之间的关系结构、产业内部的企业组织结构的发展规律及其相互作用规律的应用经济学科。国民经济的增长实际上并不是总量过程而是部门过程，是一定结构下各个产业的发展。国家竞争优势实际上也是由一定阶段的产业竞争优势构成的。因而，尽管产业经济学发展时间不长，但其以良好的应用性颇受欢迎，成为国家制定经济发展战略和产业政策的经济理论基础。

第一节　产业经济学的研究意义

一、研究产业经济学的理论意义

长期以来，经济学就一直被人为地分为宏观经济学与微观经济学两大部分。宏观经济学与微观经济学的研究领域可谓泾渭分明，二者似乎各司其职，配合得很好。但是经济学家并不满意这种状况，原因大致有以下几个方面：一是在现实经济生活中还存在"产业"这种由某种相似特征的经济活动组成的经济集合，这种经济集合的行为变量既不是宏观经济学研究的经济总量，也不是微观经济学研究的经济个量，其行为规律既不能为宏观经济学所解释，也不能为微观经济学所解释。二是经济总量的变动规律似乎与微观经济个量的变化规律无关，但事实上经济总量肯定是由相应的经济个量整合而成的，那么其整合过程是怎样的呢？更严重的是某些经济总量并没有相应的经济个量，那么这些经济总量是如何从经济个量的相互作用中产生的呢？宏观经济学与微观经济学面对这些问题时都不能给出解释。三是宏观经济学与微观经济学的分割造成了经济学学科体系的破碎，使得经济学本身是由宏观经济学、微观经济学这样两个相互独立的部分拼凑而成的，而不是一个具有一致内在逻辑结构的、完整的学科体系。这种情况在理论上很难令人满意，所以，对产业经济的研究便应运而生。首先，产业经济学通过分析经济个体相互之间的作用关系来研究产业的整体变化规律，可以较好地解决上述第一方面的问题；其次，产业经济学通过分析与研究经济个体的相互作用怎样通过层次整合最后形成经济总量及其相互联系、变动的规律有望回答上述第二方面的问题；最后，产业经济学通过研究各个层次产业本身的经济行为及其相互之间的作用规律，将微观经济总量与宏观经济总量通过产业的各个层次联系起来，有望填补宏观经济学与微观经济学之间的逻辑空白，为建立完整的经济学体系奠定基础。

产业经济学是一门应用经济学科。应用经济学包含宏观的国民经济管理、微观的企业经济管理以及中观的产业经济管理。宏观经济的管理理论在宏观经济学中已有较为成熟的理论，主要有财政政策理论、货币政策理论等；企业经济的管理方法也已有成型的体系，主要有财务管理理论、会计理论等；而对产业经济的管理则属于产业经济学的研究领域，主要是对产业政策的研究。对产业经济的管理现在已有大量的研究，但还未能像宏观经济的管理理论或企业经济的管理方法那样达到公认的成熟程度，所以，对产业经济学的进一步研究，有助于应用经济学学科体系的完善。

二、研究产业经济学的实践意义

研究产业经济学还源于产业政策实践的需要。研究产业经济学的最直接目的在于应用对产业发展规律的正确认识来指导产业政策的制定，以促进经济的有效发展。其实践意义主要有以下三个方面。

一是有利于建立有效的产业组织结构。产业组织的内部结构不仅影响产业内企业规模经济优势的发挥和竞争的活力，还会影响整个产业整体的发展。比如中国的制造业规模在2010年已超过美国,成为制造业第一大国,2019年中国进入世界500强的企业数量已超过美国,有60余家制造业企业进入世界500强。通过对产业经济学的研究,可以比较不同市场结构、不同市场行为的优劣,探求过度竞争或有效竞争不足的形成途径及消除方式,发现规模经济、创新行为等的形成原因及优点等,从而设法从中找出最有利于生产要素合理配置的市场秩序、产业组织结构,然后根据不同的产业,实现企业组织结构合理化,扶持中小企业的发展,维护市场竞争秩序,规范市场行为,反对不正当竞争,反对抑制竞争的垄断行为等。所以,研究产业经济学有利于有效的产业组织的形成。

二是有利于产业结构的优化。产业结构的合理均衡是国民经济健康发展的前提,而产业结构的升级则更是国民经济迅速发展的必由之路。中国改革开放已有40余年,依靠高资源投入和低生态环境约束实现了经济总量高速增长,但产业结构亟待优化升级。研究产业经济学,探寻产业转型升级的规律和带动经济起飞及转型发展的主导产业,利用合理的产业政策对主导产业加以保护和扶持,便可以实现产业结构向更高的水平演进,即产业结构的高度化,以增强整体产业的国际竞争力,促进经济的发展。

三是有利于产业的合理布局。产业的合理布局有利于各地区充分发挥各自的经济比较优势及地域优势,从而可以最大限度地发挥整个国家的经济建设能力,实现经济的快速发展。我国地域辽阔,区域资源禀赋不同,改革开放以来地区差距在拉大。通过对产业经济学的研究,可以探求产业布局的影响因素、产业布局的一般规律,并据此制定正确的产业布局政策,将产业布局与各地区的资源优势相结合、与区域分工相结合,把产业布局在最有利于发挥优势、提高经济效益的地区,实现产业布局的合理化。

所以,研究产业经济学也是产业政策实践的需要。通过对产业经济学的研究,有利于加强产业间的联系、发挥产业的协同效益,以及有利于制定合理的产业发展战略。

三、研究产业经济学的现实意义

研究产业经济学对当代中国的经济建设有着更为深刻的现实意义。《中共中央关于全面深化改革若干重大问题的决定》提出要发挥市场在资源配置中的决定性作用。生产者在市场机制的引导下,自主创新,主动减少消耗,增加产出,以适销对路的高质量产品参与市场竞争,从而实现创新发展、绿色发展。产业政策作为一种有效的间接调控工具,要实现从选择性产业政策向功能性产业政策转变。产业政策作用于市场,通过市场机制的传导,影响产业的发展趋势,引导产业朝国家希望的方向发展。产业政策要产生预期的效果,必须有科学的依据并洞悉产业的现状及发展趋势。所以,研究产业经济学,正确把握产业发展的现状、问题、成因及趋势,为产业规划和产业政策的制定提供科学的理论依据,对我国经济的发展,特别是对促进产业结构优化升级、实现产业布局的合理化、提升产业的国际竞争优势,具有特别的现实意义。

第二节 产业经济学的研究方法

一、系统方法

产业是由一些具有某些相同特征,彼此之间相互联系、相互作用的经济组织和活动组成的集合或系统。它既不同于微观经济学的研究对象——单个经济主体,后者只需着眼于个量分析即可;又不同于宏观经济学的研究对象——经济总量,后者只需着眼于不同经济总量之间的关系即可。产业经济学的研究对象是一个系统,所以产业经济学的研究方法必须着眼于系统分析的角度,既要研究组成系统的各个单元即各个单个经济主体间的相互作用关系,又要研究这些相互作用的关系怎样通过各个层次的整合最后达到一个总体的结果。[①] 我们可以做一个比较:微观经济学的分析方法是利用单个经济主体在一定约束条件下的利润最大化或效用最大化来研究其经济行为,而产业经济学则是通过研究这些经济主体相互之间的作用关系来研究产业的整体特征;宏观经济学研究的是整个经济总量的变动规律,而产业经济学研究的是单个经济主体的相互作用怎样通过层次整合最后形成经济总量,以及其相互联系的变化规律。所以,系统论的观点是产业经济学研究方法论的基本观点之一。

系统方法是以一般系统论为理论基础的。一般系统论有两个重要的原理:系统整体性原理和系统结构功能原理。系统整体性原理有两个要点:系统是整体与部分的统一;系统整体具有单个构成部分所没有的新的性质和功能。所以,研究产业经济要注意以产业整体最优为导向,而不是以组成整个产业的某个部门、某个企业的最优为目的;研究产业经济也不能局限于产业内部或某一国家本身,而应将产业放在整个国际经济大环境中加以分析和研究。系统结构功能原理包括三个要点:结构决定功能;功能反作用于结构;结构与功能在一定条件下相互转化。所以,研究产业经济要强调各个产业之间以及组成产业的各个部门之间的平衡发展,而不能是某个产业或某个部门单兵突进,造成整个产业的不平衡,导致系统崩溃;研究产业经济要着眼于整个产业系统的动态过程,不能局限于某时某刻的整体产业结构最优,而应着眼整个产业变动过

---

① 聂亚珍、陈冬梅:《产业经济学》,光明日报出版社 2011 年版,第 16 页。

程中的最优。

二、自组织理论方法

自组织理论方法是以自组织理论为理论基础的。自组织理论是探索系统通过自组织实现从无序到有序演化的规律的理论。自组织理论揭示出，一个系统要实现从无序到有序的演化，必须不断与外界进行物质和能量的交换，从外界引进负熵流；必须处于非平衡状态，存在演化的多种可能性；必须存在微小涨落和使微小涨落放大的非线性相互作用机制。产业恰恰可以被看成一个开放的非平衡的系统，技术创新就是产业系统中的涨落现象，这种涨落通过产业系统中的相关作用、反馈作用、协同作用等非线性相互作用放大成巨型涨落，形成新产业，从而改变原有产业结构的格局。因此，运用自组织理论方法研究产业发展、产业结构演变规律和产业组织行为等问题，必然是一种有效的方法。

三、实证分析与规范分析相结合的方法

实证分析是经济学研究的基本方法，也是经济学的基本分析方法。实证分析主要研究经济现象"是什么"，即考察人类社会中的经济活动实际上是怎样运作的，而不回答这样的运作效果是好还是坏。实证分析可分为理论分析和经验分析。理论分析是通过考察实际经济运作状况，从中归纳出可能的经济运行规律，然后从一定的先验假设出发，以严密的逻辑推理演绎和证明这些经济规律并推演可能的规律。经验分析则往往是用理论分析得到的经济规律考察经济运作中的实际案例，从而进一步用实践验证理论分析所得到的经济规律并指导实际的经济管理。如产业经济研究中往往要将调查统计所得的各种经济变量的实际数值与理论规律做比较，用理论规律对实际数值加以解释，从而加深对实际产业运作规律的认识。实证分析往往要用到较多的数学工具，如现代产业经济

研究往往要用到博弈论、矩阵代数等工具来研究产业组织、产业关联中的规律。

规范分析用于研究经济活动"应该是怎样的"。也就是说，在有关理论的研究分析中，其有关判断或结论的得出是以一定的经济价值标准为前提的。例如，市场是否充分公平竞争、经济是否发展、社会福利状况和经济效率的高低等都常常被作为判定市场结构与市场行为"好""坏"的标准和依据。产业经济研究的目的是更好地管理产业的发展，以带动经济发展，所以，不可避免地要涉及什么是"好"的标准，以及以此标准决定怎样运用经济规律来管理经济。显然，对于各种标准主次选择的不同会形成不同的价值判断，并形成不同的学说或流派。

四、定性分析与定量分析相结合的方法

产业是一个系统，往往涉及众多的因素、纷繁的联系和多个变量等各个方面的问题。面对如此庞大而复杂的问题，要想从总体上获得最优化结果，只有尽力将系统各个方面的关系数学化，用抽象的数学关系表述真实的系统关系，然后建立模型，进行计算或试验，探讨系统的规律性。所以，定量分析方法是研究产业经济要尽量采用的方法。然而，虽然定量分析方法是必须尽量采用的方法，但也离不开定性分析方法。原因如下：第一，定性分析是定量分析的前提；第二，许多定量分析就是定性分析所得到的对于某个产业的认识的定量化；第三，定性分析往往能减少定量分析的复杂性；第四，越是复杂的系统，定量的研究越有困难。尤其是产业经济中的许多经济因素或指标还不能定量化或精确定量化，这时，定性分析往往能更有效地进行简化分析和得到有益的思想。如产业经济研究中广泛应用的案例分析方法等就是一种定性分析与定量分析相结合的方法。

五、静态分析与动态分析相结合的方法

静态分析考察研究对象在某一时点上的现象和规律。在计量分析中，常常将这种用于分析和比较处于不同发展阶段的研究对象在同一时点或某一对象在同一时刻的内部结构的数量指标的方法称为横截面分析法。虽然在许多场合静态分析是动态分析的起点和基础，但是，我们知道，产业经济研究更要着眼于动态的、发展的观点，所以，动态分析更是产业经济研究的主要方法。动态分析是指对产业随着时间的推移所显示出的各种发展、深化规律，特别是产业间的关系在经济发展中此消彼长的规律的研究。在计量分析中，动态分析被称为时间序列分析。产业经济学中的经验性规律，大多是通过综合运用动态分析与静态分析的研究方法得到的。

六、统计分析与比较分析相结合的方法

产业经济学研究的是产业与产业之间的关系结构以及产业内企业之间相互作用的发展规律，而这些关系结构和发展规律除了遵循普遍的经济规律外，其表现形式都是寓于特定国家或地区的特定的发展阶段之中的，必然包含着自身特有的特征，我们不能将某一国家、某一时期的产业及产业间联系的发展演化过程，当作一切国家产业及产业间联系的必然过程。从统计学的角度来看，这仅仅是某个体系的特殊特征，所以，必须选取较多地区、较多时点上的多样本，即分析较多国家或地区的同一过程。在此基础上利用统计方法消除单个样本本身的特征，总结出具有代表性的一般产业与产业间联系的发展规律，从而使结论建立在科学的基础之上。在产业经济学研究中，大量的研究成果都是通过艰苦的统计分析总结出来的。统计分析工具也是实证分析的基本工具。另外，在具体研究某一国家、某一时期的产业问题时必须考虑到各国自身的特

点，故又要运用比较分析的方法。分析一个国家的产业及产业之间的关系并将之与该国的资源、人口、经济状况、文化传统等一系列特有的决定因素的特点相联系，比较分析各个国家之间的这种联系从而得出相关的结论和经验教训，对发展本国的产业经济是非常有益的。

七、博弈论方法

博弈论是研究经济主体的决策行为及其相互作用所能达到的均衡的理论。一些相互依赖、相互影响的决策行为及其结果的组合被称为博弈。产业组织理论主要研究产业内企业的相互作用及其规律。由于企业的行为是互为因果而强相关的，故必须使用博弈论来研究。所以，产业组织理论就成了最早应用博弈论进行研究的领域，现在博弈论已成为产业组织理论研究中占据主导地位的研究工具，常用于研究寡头垄断、不完全竞争市场的定价、企业兼并、反垄断规制等问题。

八、投入产出分析法

投入产出分析法常用于研究产业与产业之间量化的质的联系和量的关系，即产业关联。投入产出分析法是由列昂惕夫首先提出的，它运用投入产出表和投入产出数学模型对一国在一定时间内所从事的社会再生产过程中各产业部门间通过一定的经济技术联系所发生的投入产出关系加以量化，以此分析该国在这一时期内社会再生产过程中的各种比例关系及其特性。投入产出分析法要用到较多的矩阵分析。

九、系统动力学方法

系统动力学是通过分析社会经济系统内部各变量之间的反馈结构关系来研究整个系统整体行为的理论。系统动力学方法在分析系统内各部分因果关系的基础上，通过画出各部分的因果反馈回路，进一步画出系统动态流图，从而建立系统动态模型，并运用一套专用的计算机语言进行计算机仿真模拟。系统动力学认为系统的行为是由系统的结构决定的，这与产业经济学的结构主义分析方法一致；系统动力学进一步指出系统的结构是动态反馈结构，因此，可以用控制论的方法来研究，这又与产业经济学中各产业之间的联系和产业内各企业之间的相互作用一致。所以，用系统动力学方法来研究产业经济是十分有效的。系统动力学尤其注重各经济变量之间的动态反馈结构，而对变量的精确数值要求不高，故特别适合对象产业经济这种许多方面难以定量的复杂系统的研究。现在国内外已有许多学者用系统动力学来研究产业结构、产业布局、产业组织等产业经济对象，取得了令人满意的结果。

第二章
产业结构概述

第一节 产业结构的内涵

一、产业结构的概念

产业结构是指国民经济中各产业的构成及其相互关系,基本上可以理解为是产业间的技术经济联系与联系方式。这种产业间的技术经济联系与联系方式存在狭义与广义之分。狭义的产业结构,主要从"质"的角度动态地揭示产业间技术经济联系与联系方式不断发生变化的趋势,揭示经济发展过程中的国民经济各部门,占主导地位的产业部门不断更替的规律及其相应的"结构"效应。广义的产业结构除了以上内容以外,还包括各产业间的数量比例上的关系和在空间上的分布结构。

二、产业结构的类型

(一)三次产业比重不同的结构类型

按照三次产业在国民经济中所占比重不同的方法将产业结构分类,也可以称为三次产业分类法。这种方法是1935年由澳大利亚经济学家费希尔在《安全与进步的冲突》一书中首先提出来的,他以社会生产发展阶段为依据,以资本流向为主要标准,把人类的经济活动发展过程分为三个阶段:初级生产阶段,即人类的生产活动主要是农业与畜牧业;工业阶段,即以机器大工业的迅速发展为标志;20世纪初至今,大量的资本和劳动力流入非物质生产部门。与此相应,三次产业的划分也随之产生,即与农业相对应的第一产业、与工业相对应的第二产业和以服务业为主的第三产业。

三次产业分类法将产业结构分为 1-2-3 型、1-3-2 型、2-1-3 型、2-3-1 型、3-1-2 型、3-2-1 型六种类型。其中，数字 1、2、3 分别代表三次产业，数字越排在前面，代表的产业部门在国民经济中所占的比重就越大。

1-2-3 型产业结构，又称金字塔形产业结构。其中，第一产业在国民经济中所占比重最大，工业和服务业所占比重比较小，工业又以手工业为主，是农业社会或农业国的产业结构。

1-3-2 型产业结构中，第一产业在国民经济中所占比重最大，第三产业次之，第二产业比重最小。3-1-2 型产业结构中，第三产业在国民经济中所占比重最大，第一产业次之，第二产业比重最小。1-3-2 型和 3-1-2 型产业结构又统称为哑铃形，这种特殊的产业结构具有其自身特点：第二产业在国民经济中所占比重比第一产业、第三产业要小，一般情况下是对应于部分发展中国家或地区在特定条件下形成的产业结构。

2-1-3 型产业结构中，第二产业在国民经济中所占比重最大，第一产业次之，第三产业比重最小，是工业化前期的结构。2-3-1 型产业结构中，第二产业在国民经济中所占比重最大，第三产业次之，第一产业比重最小，是工业化后期的结构。2-1-3 型和 2-3-1 型产业结构又统称为鼓（橄榄）形产业结构，其特殊性在于第二产业在国民经济中所占比重最大，也就是以制造业为主，这是工业社会或工业国的产业结构。

3-2-1 型产业结构，又称为倒金字塔形产业结构。其中，第三产业在国民经济中所占比重最大，第二产业次之，第一产业最小。这是后工业化社会或发达的工业化国家以服务业为主的产业结构。

（二）农业轻重地位不同的结构类型

在马克思两大部类分类法的基础上，包括我国在内的一些社会主义国家，在计划经济时代，都长期使用过以物质生产的不同特点为标准的分类方法，即"农轻重分类法"。这种方法按照农业、轻工业、重工业在产业结构中的地位不同，将产业结构分为重型产业结构、轻型产业结构和以农为主型的产业结构。

重型产业结构是以重工业为主的产业结构，包括冶炼、钢铁、煤炭、化学、电力等工业，这是处于工业化中后期的大部分国家或者强调发展重工业的国家的产业结构；轻型产业结构是以轻工业为主的产业结构，包括纺织、服装、印刷、食品、家具等工业，这是处于工业化初期的国家的产业结构；以农为主型产业结构，包括种植业、养殖业、畜牧业和渔业等，这是没有实现工业化国家的产业结构。其中，重型产业结构又有两种不同的类型：一是以原材料、燃料、动力、交通运输、基础设施等基础工业为重心的重型结构，这是重工业化前期的产业结构；二是以高加工度制造业为重心的重型结构，这是重工业化后期的产业结构。

（三）生产要素需求不同的结构类型

按照不同产业在生产过程中对生产要素的需求种类和需求依赖度的不同，将产业结构分为劳动集约型产业结构、资本集约型产业结构和技术集约型产业结构。

（1）劳动集约型产业结构，是指在生产过程中对劳动的需求和依赖度较大、资本的有机构成较低的产业，在生产中主要消耗的是劳动。通常某个产业对劳动力的依赖程度可用产业的就业系数等指标来衡量，例如，食品、纺织、服装等就是典型的劳动集约型产业结构。

（2）资本集约型产业结构，是指在生产过程中对资本的依赖度较大，资本的有机构成较高的产业，在生产中主要消耗的是物化劳动，例如，钢铁、石油等就是公认的典型资本集约型产业结构。

（3）技术集约型产业结构，指在生产过程中依靠大量科学技术知识和先进的工业技术生产的产业部门，通常具有产品的物耗小而附加值高的特点，如计算机、航天、生物、高分子、新能源等新兴产业。

（四）产业层次发展不同的结构类型

按照产业发展程度、技术水平、生产要素密集度、加工程度和附加值大小的不同，产业结构可以分为初级产业结构、中级产业结构、高级产业结构。

初级产业结构是发展水平最低的产业结构，以技术落后产业、劳动密集型产业、加工度比较低和附加值比较小的产业及第一次产业为主的产业结构；中级产业结构是发展水平中等的产业结构，以技术水平较高产业、资本密集型产业、加工度比较高和附加值比较大的产业及第二次产业为主的产业结构；高级产业结构是发展水平最高的产业结构，以高新技术产业、技术密集型产业、高加工度和高附加值的产业及第三次产业为主的产业结构。

三、产业结构的影响因素

（一）供给因素

一般而言，供给因素包括自然条件和资源禀赋、提供劳动力的人口、资金供应、技术进步和商品供应等因素。这些因素既决定产业结构成长的基础或出发点，又决定产业结构的选择和性质，所以供给因素对产业结构既有促进作用又有制约作用。

1. 自然条件和资源禀赋

一国的自然条件和资源禀赋对该国产业结构的形成与变化产生至关重要的影响。自然资源是社会生产过程所依赖的外界自然条件，通常那些自然资源丰富的国家的产业结构或多或少地具有资源开发型的特征。

如果一国国土辽阔、资源丰富，那么该国就可能形成资源开发、加工和利用全面发展的产业结构，比如阳光充足、土壤肥沃等自然条件好的国家其农业发展迅速；而资源匮乏的国家就不可能形成资源开发型的产业，最多只能形成资源加工型的产业结构，比如地下资源丰富与否直接影响采掘业、燃料动力工业以及重工业的结构。由于自然条件和资源禀赋一般是人力因素难以改变的，同时资源禀赋又是一国经济发展的基础因素，因而对一国的产业形成和经济发展具有重要的影响。然而，随着技术的进步，自然资源禀赋不再是决定一国经济发展的关键性因素。新加坡、日本等自然资源缺乏的国家通过不同的途径走上了工业化发展的道路，跻身于世界经济发展的前列。因此，自然资源状况对产业结构的影响是相对的，受自然资源制约的国家也可以借助科技的发展和国际贸易克服其自然资源匮乏的弱点。自然资源禀赋在一国产业结构转换的初、中期阶段制约作用较明显，当初级产品生产的比较优势被制造业所取代，向成熟阶段推进时，其制约作用明显减弱。

2. 人口因素

从供给的角度，人口因素影响劳动力的供给程度和人均资源拥有量以及可供给能力的程度，包括数量和质量两个方面。在工业化发展的初期，劳动力的数量决定了产业结构的转换与升级，比如发达国家在工业化初期曾受到供给不足的制约。但是从人口、资源平衡的角度，过度的人口增长会过度地把国内的有限资源转化为衣食供给，以满足人们基本的生活需要，这样将导致既减少其他资源的供给，又减慢农业人口向第二产业和第三产业的转移，从而延缓工业化的进程，阻碍产业结构的高度化和合理化。

经济发展到一定水平后，劳动力的质量也就是人力资本开始发挥关键的作用。一般而言，具有较高知识水平和劳动技能的人员越多，新兴产业发展越快；反之，劳动力质量较低的国家往往会停滞于传统产业。

劳动力质量较低将对产业结构变动产生两方面的影响：一方面，劳动密集型产业主要是轻纺产业，易导致工业结构"轻型化"；另一方面，劳动密集型产业多为中小企业，会引起产业组织结构的"小型化"，降低规模经济效益。

因此，保持适度的人口数量和提高人口素质是经济发展和产业结构转换的重要条件。就大多数发展中国家而言，其工业化发展和产业结构转换中的制约因素不是劳动力供给的不足，而是劳动力过剩带来的就业压力和人均资源的减少。

3. 资金供应

资金是重要的生产要素，是产业维持和扩张的重要条件。资金供应状况对产业结构的影响主要包括两个方面。

（1）资金的充裕程度对产业结构的影响，主要包括经济发展水平、社会发展水平、储蓄率、资本积累等诸多因素，是资金总量方面对产业结构变动的影响。

（2）资金在不同产业部门的投向偏好对产业结构的影响，主要包括投资倾斜政策、投资者的投资偏好、利率、资金回报率等，是投资结构方面对产业结构变动的影响。在资本有机构成不变的情况下，投入某产业资金的多少，决定该产业的生产规模大小和发展速度快慢。资金的短缺往往成为发展中国家产业结构优化升级的"瓶颈"，资金越短缺，越妨碍重工业、高新技术产业等有机构成较高的产业发展。

4. 技术进步

技术进步是经济增长的主要因素，也是产业结构变迁的动力。一国的产业结构表现为一定的生产技术结构，生产技术结构的进步与变动都会引起产业结构的相应变动，一旦技术发生变革，产业结构将会发生与之相适应的改变。第一次技术革命促进了纺织、运输、机械工业的兴起，人类社会由农业向工业社会转变；第二次技术革命使汽车、航空、电力等工业迅速崛起，工业生产进一步集中化，垄断企业不断兴起；第三次技术革命中原子能技术的出现带动了塑料、橡胶、合金材料工业的发展，计算机技术的发展和计算机的广泛应用使得信息产业成为主导产业。20世纪80年代的新技术革命对产业结构升级产生了重大影响，为知识经济的兴起和发展提供了技术基础。

技术水平的不同决定了比较劳动生产率的不同，技术进步又引起比较劳动生产率的变化。产业结构转换的动力来自比较生产率的差异，主要表现为生产要素从生产率比较低的部门向生产率比较高的部门转移；产业结构的转换和升级，主要取决于部门之间生产率增长速度的差异。那些研究与开发投入强度大、能够最先吸收新技术的部门，往往也是生产率提高最快和产出增长最快的部门，这是由部门内在的技术经济特征决定的。

5.商品供应

原料品、中间投入品、零部件、进口品等商品对产业结构变动产生较大的影响。通常，后向关联系数越大的产品对产业结构的影响就越大。广义上，商品供应还可以包括电力、原料、燃料的供应，服务的提供，技术的支持等更广的范围。这些商品的供应在很大程度上取决于基础工业、上游工业、后向关联产业的技术水平和产业发展水平。这些产业的技术水平和发展水平影响产业结构的变动。根据发达国家的实践经验，产业结构的高度优化也是在基础产业、上游产业或后向关联系数较大的产业得到一定程度的发展以后，下游产业或前向关联系数较大的产业才能得到比较大的发展。

（二）需求因素

需求决定一项经济活动的存在价值，也决定某一产业的存在必要性，当需求发生变化时，必然要影响产业结构，使其发生相应的变化。从总量角度分析，人口数量的增加和人均收入水平的提高都会扩大消费需求；经济发展水平、社会发展水平、技术水平的不同，消费水平通常也会不同；在不同的经济发展周期，各种消费需求也会出现波动。但从结构的角度分析，个人消费结构、中间需求与最终需求比例、消费与投资比例、投资结构对产业结构的影响更加明显。

1.个人消费结构

个人消费结构是在需求结构中对产业结构变动影响最大的因素。消费结构直接影响消费资料产业部门的构成，并间接影响给消费资料产业部门提供生产资料的生产部门的构成，从而影响整个产业结构的变动。个人消费结构不仅直接影响最终产品的生产结构和生产规模，而且间接地影响中间产品的需求，进而影响中间产品的产业结构。随着收入水平的提高，不仅消费的需求总量会扩大，而且消费结构也会发生变化，个人需求趋向多层次和多样化，使得第三产业比重不断上升，产业结构不断优化升级。

2.中间需求与最终需求的比例

中间需求与最终需求的比例是一种重要的需求结构。中间需求是指各个生产部门对把自身价值一次性全部转移到产品中去的生产资料的需求，如原材料、零部件等。最终需求是指人们对无须再进入生产过程，即可供消费和投资的产品的需求，如固定投资、个人消费、增加库存、出口、政府采购等。中间需求和最终需求比例变动将会使社会生产的产业结构发生相应变动。决定中间需求与最终需求比例的主要因素包括：专业化协作水平、生产资料利用率、最终产品的性能及制造技术的复杂程度。专业化协作水平越高，相同产出的最终产品对中间产品的依赖程度越高；生产资料利用率越高，相同产出的最终产品对中间产品消费需求越少；制造技术越复杂，对中间产品的需求量就越大。

3. 消费与投资比例

消费与投资的比例关系直接决定消费资料产业和生产资料产业的比例关系，消费与投资比例的变化直接引起消费资料产业与生产资料产业的比例变化。具体来讲，当投资比例较高时，相关的生产资料产业将得到较快发展；当消费比例较高时，扩大的居民需求将刺激生产消费资料产业部门的较快发展，同时将波及相关的生产资料产业部门的需求变化。霍夫曼工业化经验法则很好地诠释并说明了消费与投资比例的变化对产业结构变化的影响。

4. 投资结构

投资结构是指资金向不同产业方向投入所形成的投资配置量的比例。投资不仅是构成现实需求的一个重要因素，将形成新的生产能力，也是企业扩大再生产和产业扩张的重要条件之一。不同方向的投资是改变已有产业结构的直接原因。创造新的投资需求，将改变原有的产业结构形成新的产业结构；对部分产业投资，将推动这些产业以更快的速度扩大，促进这些产业的发展，从而影响原有产业结构；对全部产业投资，但投资比例不同，则会引起各产业发展程度的差异，导致产业结构的相应变化。由于投资是影响产业结构的重要因素，政府往往采用一定的投资政策，通过调整投资结构，达到产业结构调整的目标。

（三）国际因素

1. 国际贸易

国际贸易是由于社会分工打破国家界限，导致国与国在资源、产品、技术、劳务等方面的交换。国际贸易是在开放条件下来自外部的影响产业结构变动的因素，对产业结构的影响主要通过国际比较利益机制实现。按照国际分工原理，国际市场对一国具有比较优势的产品需求，往往会通过影响该国出口结构，从而引起生产要素在一国产业体系内部的重新配置，进而影响其产业结构的变动。资源、商品、劳务的出口对本国的相关产业起到推动的作用，国内稀缺资源的进口能够弥补相关产业的不足，各国间产品生产的相对优势变动会引起进出口结构变动，进而带动国内产业结构变动。当然，有些商品出口，也可能会抑制本国某些产业的发展。

2. 国际投资

国际投资包括本国资本的流出和国外资本的流入，对外投资会导致本国产业的对外转移，国外资本的流入则会使国外产业向国内转移。这两方面都会引起国内产业结构的变化，但国外直接投资对国内产业结构的影响更为直接和深远，主要表现在三方面：一是国外直接投资决定了生产方式、生产技术、产品品种和数量，会直接改变一国原有产业结构；二是国外直接投资中间产品的供应结构和最终产品的销售结构的变化导致国内供应结构和需求结构的改变，从而促使国内产业结构发生相应变化；三是外资企业的技术创新和管理模式会对一国的产业结构产生间接影响。

（四）政策因素

为了实现政府制定的经济发展目标，政府通过制定产业发展战略和政策扶持或限制某些产业发展，对产业结构的调整加以诱导或强制实施。产业政策是指导产业发展和产业结构调整最主要的依据，政府对产业结构的调整主要是通过产业政策来实现的。政府可以对影响产业结构变动的诸因素进行调整，包括通过政府投资、管制等措施，通过制定财政、货币等政策，通过立法、协调等手段来调整供给结构、需求结构、国际贸易结构和国际投资结构，进而影响产业结构。

第二节　产业结构理论及演进规律

一、马克思主义产业结构理论

按照产品用途不同,马克思将物质生产部门划分为两大部类:第一部类是生产生产资料部门的总和,第二部类是生产消费资料部门的总和。两大部类的生产过程构成了全社会的生产过程。马克思在分析两大部类之间的依存关系时,提出了资本的有机构成提高理论,即随着机器体系的不断进步,总资本中由机器设备及设施等构成的不变资本部分会不断增加,用于劳动力的可变资本部分会不断减少。

列宁把这一理论和社会再生产理论相结合,进一步丰富和发展了马克思主义的社会再生产理论,提出了在技术进步的条件下,生产资料生产优先增长的规律。列宁指出:在社会扩大再生产过程中,增长速度最快的是制造生产资料的生产,然后是制造消费资料所需的生产资料的生产,最后是制造消费资料的生产。这就为我们在坚持产业结构合理化发展的同时,适度地实行倾斜政策提供了重要的理论依据。

二、西方产业结构理论

（一）产业结构演变趋势理论

1. 配第－克拉克定理

英国资产阶级古典政治经济学创始人威廉·配第（William Petty）最早注意到产业结构演变规律,并在17世纪就发现了世界各国国民收入水平的差异和经济发展的不同阶段,其关键原因是产业结构的不同。他在《政治算术》(*Political Arithmetic*)一书中,研究了英国、法国、荷兰的经济结构及其形成的原因与政策,指出工业的收入比农业高,而商业的收入又比工业高,说明工业比农业、服务业比工业具有更高的附加价值,这一发现被称为配第定理。英国经济学家柯林·克拉克(Colin Clark)在配第的研究成果基础上,进一步分析了经济发展和劳动力在产业间的分布和变化趋势,指出随着经济的发展,国民收入水平的提高,劳动力首次从第一产业向第二产业移动;当人均收入水平进一步提高时,劳动力便向第三产业移动。劳动力在产业间的分布状况是:第一产业比重不断减少,第二产业和第三产业将顺次不断增加。后来人们把劳动力变化的这一规律称为配第-克拉克定律,即劳动力转移规律。它是研究经济发展中的产业结构演变规律的学说,可以对一国的未来就业需求进行预测,以便制定相应的劳动就业政策。

2. 库兹涅茨人均收入影响论

西蒙·史密斯·库兹涅茨(Simon Smith Kuznets)在配第、克拉克研究成果的基础上,利用经济统计学原理,结合各国的历史资料,对产业结构变动与经济发展的关系进行了全面的考察,得出了总产值变动和就业人口变动的规律,被称为"库兹涅茨人均收入影响论"。结论如下:

第一,第一产业的相对国民收入在大多数国家都低于1,而第二产业和第三产业的相对国民收入则大于1。同时从时间序列分析,农业相对敏感,收入比重的下降程度超过了劳动力相对比重的下降程度。由此可见,大多数国家农业劳动力减少的趋势仍然存在。

第二,第二产业的国民收入水平相对比重的上升是普遍现象,由于各个国家、各个时期的工业化程度不同,就劳动力相对比重的变化而言,综合比较是微增或没有变化。这一现象表明,工业化达到一定水平时，第二产业不可能再大量吸收劳动力；并且由于唯独第二产业的相对收入是上升的，所以在国家的经济发展中，从国民收入尤其是人均国民收入的增长方面分析，第二产业具有突出的贡献。

第三，第三产业的相对国民收入，从时间序列分析，一般表现为下降趋势，但劳动力的相对比重是上升。这表明第三产业具有很强的劳动力吸纳能力，但是劳动生产率的提高并不快。另外，第三产业一般是三次产业中规模最大的产业，无论是劳动力的相对比重还是国民收入的相对比重，都超过了一半。产业发展形态的概括见表2-1。

表2-1 产业发展形态的概括

产业	劳动力的相对比重		国民收入的相对比重		相对国民收入＝国民收入的相对比重／劳动力的相对比重	
	时间序列分析	横截面分析	时间序列分析	横截面分析	时间序列分析	横截面分析
第一产业	下降	下降			（1以下）下降	（1以下）几乎不变
第二产业	不确定	上升	上升	上升	（1以上）上升	（1以上）下降
第三产业	上升	上升	不确定	微升(稳定)	（1以上）下降	（1以上）下降

3.霍夫曼工业化经验法则

德国经济学家霍夫曼（Walther Gustav Hoffmann）在1931年出版的《工业化的阶段和类型》（*Stages and Types of Industrialization*）一书中，根据近20个国家经济发展的时间序列数据，对工业化过程中的工业结构演变规律做了开拓性研究，提出著名的"霍夫曼工业化经验法则"。即在工业化进程中，霍夫曼比例（霍夫曼比例＝消费资料工业的净产值／资本资料工业的净产值）是不断下降的。根据霍夫曼比例，霍夫曼把工业化的过程分成四个发展阶段（见表2-2）。在工业化的第一阶段，消费资料工业的生产在制造业中占有主导地位，而资本资料工业的生产在制造业中是不发达的；在工业化的第二阶段，与消费资料工业相比，资本资料工业获得了较快的发展，但消费资料工业的生产规模仍然要比资本资料工业的生产规模大得多；在工业化的第三阶段，资本资料工业的生产继续增长，规模迅速扩大，与消费资料工业的生产处于平衡状态；在工业化的第四阶段，资本资料工业的生产占主导地位，其规模大于消费资料生产规模，基本上实现了工业化。[①] 霍夫曼工业化经验法则，在一定程度上是符合工业化进程中工业结构的演变规律的，特别是符合工业化的前期发展趋势。

表2-2 霍夫曼工业化阶段及指数

工业化阶段	霍夫曼比例
第一阶段	5±1
第二阶段	2.5±0.5
第三阶段	1±0.5
第四阶段	1以下

4. 钱纳里的"标准产业结构"理论

美国经济学家霍利斯·钱纳里（Hollis B. Chenery）对101个国家1950—1970年间的统计资料进行归纳分析，构造出一个著名的"世界发展模型"，由发展模型求出一个经济发展的"标准结构"，即经济发展不同阶段所具有的经济结构的标准数值（见表2-3）。它为分析和评价不同国家或地区在经济发展过程中产业结构组合是否"正常"提供了参照规范，同时也为不同国家或地区根据经济发展目标制定产业结构转换政策提供了理论依据。应当注意的是，标准产业结构与实际产业结构之间的偏差只能作为判断产业结构状况的参考，而不能作为唯一的衡量标准。

---

① 朱永华：《中小企业集群发展与创新》，中国经济出版社2006年版，第31—32页。

表 2-3　人均 GDP 和产业结构的变化

人均 GDP/ 美元	100～200	300～400	600～1000	2000～3000
第一产业占 GDP 的份额 /%	46.4～36.0	30.4～26.7	21.8～18.6	16.3～9.8
第二产业占 GDP 的份额 /%	13.5～19.6	23.1～25.5	29.0～31.4	33.2～38.9
第三产业占 GDP 的份额 /%	40.1～44.4	46.5～47.8	49.2～50.0	50.5～51.3
劳动力在第一产业中的比重 /%	68.1～58.7	49.9～43.6	34.8～28.6	23.7～8.3
劳动力在第二产业中的比重 /%	9.6～16.6	20.5～23.4	27.6～30.7	33.2～40.1
劳动力在第三产业中的比重 /%	22.3～24.7	29.6～23.0	37.6～40.7	43.1～51.6

（二）产业结构调整理论

1. 刘易斯的二元结构转变理论

美国经济学家威廉·阿瑟·刘易斯（William Arthur Lewis）于 1954 年在他的《劳动无限供给条件下的经济发展》（*Economic Development with Unlimited Supplies of Labour*）一文中，提出了解释发展中国家经济问题的二元结构转变理论。他认为发展中国家整个经济由弱小的现代工业部门和强大的传统农业部门组成，可以利用劳动力资源丰富这一优势，加速经济的发展。[①]

二元结构转变理论的基本假设条件是：农业的边际劳动生产率为零或接近零；从农业部门转移出来的劳动力，其工资水平取决于农业的人均产出水平；城市工业利润的储蓄倾向高于农业收入的储蓄倾向。

可见，农业剩余劳动力对城市工业的供给价格是很低的，而且，由

---

① 鲍宏礼：《鄂东大别山农业产业发展与农业生态治理研究》，中国经济出版社 2014 年版，第 20 页。

于工业生产的边际劳动生产率要远高于农业剩余劳动力的工资水平，所以工业生产可以从农业中得到劳动力的无限供给；而农业的人均产出水平很低，因此从农业中转移出来的劳动力工资水平也远低于工业的边际劳动生产率，工业就可以从劳动力供给价格与边际劳动生产率的差额中获得巨额利润。同时，由于工业利润中的储蓄倾向较高，使城市工业生产对农村剩余劳动力的吸纳能力进一步提高，由此产生一种积累效应。随着农村劳动力向城市工业转移，农村劳动力的边际生产率不断提高，工业劳动力的边际生产率不断降低，这种效应直到工业、农业劳动力的边际生产率相等才停止，这时，城市和农村的二元经济结构转变为一元经济结构，实现工业、农业经济平衡发展。

2. 罗斯托的主导产业理论

美国经济学家沃尔特·罗斯托（Walt W. Rostow）在他的《经济增长的阶段》（*The Stages of Economic Growth*）等著作中，提出了"主导产业扩散效应理论"和"经济成长阶段理论"。罗斯托根据技术标准把经济成长划分为六个阶段，每个阶段都存在起主导作用的产业部门，经济阶段的演进就是以主导产业交替为特征的。这六个阶段如下：

（1）传统社会阶段：科学技术水平和生产力水平低下，主导产业部门为农业部门。

（2）起飞前提阶段：近代科学技术开始在工农业中发挥作用，占人口 75% 以上的劳动力逐渐从农业中转移到工业、交通运输业、商业、服务业中，投资率的提高明显地超过人口的增长水平。

（3）起飞阶段：相当于产业革命时期，积累率在国民收入中所占的比例由 5% 增加到 10% 以上，由一个或几个经济主导部门带动国民经济的增长。

（4）成熟挺进阶段：现代科学技术已经有效地应用于生产，投资率在10%~20%，由于技术创新和新兴产业的不断涌现和发展，产业结构发生了巨大的变化。

（5）高额民众消费阶段：工业高度发达，主导部门转移至耐用消费品和服务部门。

（6）追求生活质量阶段：主导部门从耐用消费品部门转移至提高生活质量的部门，如文教、医疗、保健、福利、娱乐、旅游等部门。

（三）产业结构发展模式理论

1. 平衡发展模式与非平衡发展模式

平衡发展模式与非平衡发展模式是从资源配置的倾斜角度对产业结构发展方式的归纳。

（1）平衡发展模式。平衡发展模式认为发展中国家为了摆脱贫困，应在国民经济的各产业进行全面的、大规模的投资，以各产业的平衡增长来实现国家的工业化和国民经济的发展。在主张平衡增长的理论中，以罗森斯坦·罗丹（Rosenstein Rodan）的"大推进理论"和罗格纳·纳克斯（Ragnar Nurkse）的"贫困恶性循环理论"为典型。

在《东欧与东南欧的工业化问题》（Problems of Industrialisation of Eastern and South Eastern Europe）一文中，罗森斯坦·罗丹认为，发展中国家实现工业化的主要障碍是资本的不足，由于资本的供给、储蓄和市场需求的"不可分性"，小规模的、个别部门的投资不可能从根本上解决问题，因而应当实行"大推进"的发展战略，在各个工业部门全面地进行大量投资，使各工业部门一起发展，才能形成互相依赖、互为市场的局面，克服"不可分性"，最终取得工业化的成功。[1] 在进行投资时，应按同一投资率投向各工业部门。因为只有这样，才能避免某些部

---

[1] 廖博谛：《告别宏微观架构的经济学》，经济日报出版社2017年版，第130页。

门发展过快，导致供给大于需求，从而保证各部门之间的发展协调和平衡，以便实现投资的最优格局。

纳克斯的"贫困恶性循环理论"认为，发展中国家不易摆脱贫穷的原因在于其陷入了一个恶性循环的圈子。一方面，从供给的角度看，低收入导致了低储蓄，而较少的储蓄引起了资本的短缺，资本的短缺又造成只能发展生产率不高的产业，而这样的产业发展带来的又只能是较低的收入。另一方面，从需求的角度看，低收入使人们的购买力十分有限，而有限的购买力又使得投资引诱不足，资本数量过小，从而导致生产率低下，最终的结果又回到了较低的收入。要打破这样的循环必须同时对国民经济的各个部门进行投资。如果只对一些行业进行投资，这些行业的发展将受到市场需求的限制，而如果同时投资于不同的行业，将带来市场的全面扩大。①

（2）非平衡发展模式。非平衡发展理论的主要思想是由于资金短缺等方面的原因，发展中国家不可能在所有的产业部门同时进行投资，而应当选择合适的重点产业进行投资，然后通过关联效应和诱发性投资等作用，带动其他产业的发展，最后达到经济发展和产业结构升级的目标。赫希曼认为，发展中国家应当集中有限的资源。因为首先投资于"诱发投资"效应较大的产业部门，其将带动更多其他产业部门的发展。罗斯托认为，近代经济增长实质上是一个部门间不断调整的过程②。经济的发展就是充当"领头羊"的主导产业部门首先获得增长，再通过回顾影响、旁侧影响和前瞻影响，对其他产业部门施以诱发作用，最终带

---

① 邹树梁、邹旸、姜曼迪：《产业经济学理论与案例》，中国原子能出版社 2021 年版，第 429 页。

② 同上书，第 430 页。

动整个经济增长的过程。①

2.雁行发展模式与产品循环发展模式

雁行发展模式与产品循环发展模式分别描述了一些产业在工业化不同阶段国家的发展模式。

雁行发展模式是由日本经济学家赤松要（Kaname Akamatsu）在考察了日本羊毛工业品贸易的发展轨迹后首先提出，以后又由小岛清（Kiyoshi Kojima）等人对日本的纺织工业、钢铁工业和汽车工业进行了验证。该模式认为，工业后发国家由于技术和资金等供给方面的原因，无法首先开发和生产一些较为先进的产品，因而最初对这类产品的国内需求，只能通过进口来满足。随着国内对这类产品需求的增加，企业通过引进技术等手段，使技术和资金等供给条件日趋成熟，逐渐具备了以国产化产品取代进口产品的能力，随着市场需求和生产规模的扩大，相应的产业也就逐渐形成了。在国内需求继续扩大和重工业化进程的作用下，规模经济和廉价生产要素的优势不断累积，产业的竞争力也有所上升，最终不但在本国赢得了市场，而且还实现了产品的出口。工业后发国的产业部门，就是依据这样的发展轨迹，最终达到经济发展和产业升级的目的。而这三个不同的发展阶段（进口→国内生产→出口）被称为雁行发展模式。

产品循环发展模式描述的是工业先行国家产业发展的模式，是由美国经济学家雷蒙德·弗农（Raymord Vemon）提出的。弗农认为，产品是有生命周期的，可分为"导入期""成熟期"和"标准化期"。一些工业先行国家，由于技术和资金等方面的优势，率先对新产品进行开发和生产，并迅速进入产品的"导入期"，占领国内市场。随着生产规模的

---

① 本部分内容参考王述英《新工业化与产业结构跨越式升级》，中国财政经济出版社2005年版，第31—33页。

扩大和产业技术的成熟，该产品进入了"成熟期"，开始向工业后发国出口，扩大在国际市场上的份额。随着技术在更广泛的范围扩展，竞争也就越发激烈，工业先行国为了维持在国外的市场份额，开始从产品的出口转向技术的出口，在工业后发国就地生产和销售。当产品从"成熟期"进入"标准化期"，由于在国外生产该产品具有成本上的优势，工业先行国家逐渐放弃国内的生产，转而进口该产品来满足国内的市场。自己则研制、生产更新的和更高技术的产品，开始新一轮的产品循环。

3.进口替代发展模式与出口导向发展模式

进口替代发展模式与出口导向发展模式是从产业发展和国际贸易间的关系角度描述产业结构的发展轨迹的。

进口替代发展模式一般指工业后发国家为了实现本国的工业化，在一些产业（一般是制造业）领域采取鼓励用本国产品替代进口产品来满足国内市场需求的政策，以支持和扶持本国相应产业发展的模式。

出口导向发展模式一般指工业后发国家为了实现本国经济的增长，支持和鼓励国内产业以国际市场需求为导向而进行发展的模式。

三、产业结构演变的一般趋势

（一）从工业化发展的阶段角度

产业结构的演进可以分成以下几个阶段：前工业化时期、工业化初期、工业化中期、工业化后期和后工业化时期。在不同阶段，产业结构的发展是沿着由低级向高级走向高度现代化的发展进程。在前工业化时期，第一产业占主导地位，第二产业有一定发展，第三产业的地位微乎其微。在工业化初期，第一产业产值在国民经济中的比重逐渐缩小，其地位不断下降；第二产业有较大发展，工业重心从轻工业主导型逐渐转向基础工业主导型，第二产业占主导地位；第三产业也有一定发展，但在国民经济中的比重还比较小。在工业化中期，工业重心由基础工业向高加工度工业转变；第二产业仍居第一位，第三产业逐渐上升。在工业化后期，第二产业比重继续下降；第三产业继续快速发展，其中信息产业增长加快，第三产业产值比重在三次产业中的地位占支配地位，甚至占绝对支配地位。在后工业化时期，产业知识化成为主要特征。

（二）从主导产业的转换角度

产业结构的演进有以农业为主导、轻纺工业为主导、原料和燃料动力等基础工业为重心的重化工业为主导、低度加工型的工业为主导、高加工组装型工业为主导、第三产业为主导、信息产业为主导等几个阶段。在不同阶段产业结构演进的一般规律如下：

（1）在以农业为主导的阶段，农业比重占绝对地位，第二、第三产业的发展均很有限。

（2）在以轻纺工业为主导的阶段，轻纺工业由于需求拉动、技术要求简单、从第一产业分离出来的劳动力价格低等有利因素得到较快发展；第一产业的发展速度有所下降，地位有所削弱；重化工业和第三产业的发展速度较慢。这时轻纺工业取代农业成为主导产业。

（3）在以原料和燃料动力等基础工业为重心的重化工业为主导阶段，这些重化工业首先得到较快发展，并逐渐取代轻纺工业的地位成为主导产业。这些基础工业都是重化工业的先行产业或制约产业，必须先行加快发展才不至于成为制约其他重化工业发展的瓶颈产业。

（4）在以低度加工型工业为主导的阶段，传统型、技术要求不高的机械、钢铁、造船等工业发展速度较快，其在国民经济中的比重越来越大，并成为主导产业。

（5）在以高度加工组装型工业为主导的阶段，由于高新技术的大量应用，传统工业得到改造。技术要求较高的精密机械、精细加工、石油化工、机器人、电子计算机、飞机制造、航天器、汽车及机床等高附加值组装型重化工业有较快发展，成为国民经济增长的主要推动力，其在 GDP 中占有较大份额，同时增幅较大，成为国民经济的主导产业。

（6）在以第三产业为主导的阶段，第二产业的发展速度有所放缓，比重有所下降，特别是传统产业的下降幅度较快；但内部的新兴产业和高新技术产业仍有较快发展。整个第二产业内部结构变化较快，但比重已不占主导地位。第三产业中服装业、运输业、旅游业、商业、房地产业、金融保险业、信息业等的发展速度明显加快，并在 GDP 中占有较大或主要份额，成为国民经济的主导产业。

（7）在以信息产业为主导的阶段，信息产业获得长足发展，特别是信息高速公路的建设或国际互联网的普及，推动了信息产业的快速发展。这一时期，信息产业已成为国民经济的支柱产业和主导产业。人们也常把这一阶段称为后工业化社会或工业化后期阶段。

（三）从三次产业比重的变动角度

产业结构的演进是沿着以第一产业为主导到第二产业为主导，再到第三产业为主导的方向发展的。

在第一产业内部，产业结构从技术水平低下的粗放型农业向技术要求较高的集约型农业，再向生物、环境、生化、生态等技术含量较高的绿色农业、生态农业发展；从种植型农业向畜牧型农业、野外型农业向工厂型农业方向发展。

在第二产业内部，产业结构的演进沿着轻纺工业→基础重化工业→加工型重化工业方向发展。从资源结构变动情况来看，产业结构沿着劳动密集型产业→资本密集型产业→知识（包括技术）密集型产业方向演进。从市场导向角度，产业结构沿着封闭性→进口替代型→出口导向型→市场全球化方向演进。

在第三产业内部，产业结构沿着传统性服务业→多元化服务业→现代性服务业→信息产业→知识产业的方向演进。

产业结构由低级向高级发展的各阶段是难以逾越的，但各阶段的发展过程可以缩短。从演进角度分析，后一阶段产业的发展是以前一阶段产业充分发展为基础的，只有第一产业的劳动生产率得到充分发展，第二产业的轻纺产业才能得到应有的发展；第二产业的发展是建立在第一产业劳动生产率大大提高的基础上的，其中加工组装型工业的发展又是建立在原料、燃料、动力等基础工业的发展基础上的；只有第二产业的快速发展，第三产业的发展才具有成熟的条件和坚实的基础。产业结构的超前发展会加速一国经济的发展，但有时也会带来一定的遗留问题。

第三章
产业结构优化与升级

产业结构优化对一国经济的协调、健康、高速发展具有重要意义。产业结构优化必须遵循产业结构演变规律。根据产业结构演变规律，分析当代科技与经济背景下产业结构优化的内涵、内容与机理，产业结构合理化、高级化和生态化，以及区域产业结构优化等问题。

第一节　产业结构优化概述

一、产业结构优化的内涵

产业结构优化是指对产业不断进行调整，使各个产业实现协调、均衡发展，并且满足不断增长的社会需求的过程。产业结构优化是经济结构调整的重要内容，是经济发展的强大推动力，也是中国经济在新常态下持续健康发展的重要保证。

传统的产业结构优化是指推动产业结构合理化和高级化的过程。产业结构合理化主要是依据产业关联技术和经济的客观比例关系来调整不协调的产业结构，促进国民经济各产业间的协调发展。产业结构高级化主要是遵循产业结构演变规律，通过创新等途径加速产业结构的高度化演进。产业结构的合理化与高级化是相互联系、相互影响的：产业结构合理化是产业结构高级化的前提条件，如果产业结构长期处于失衡状态，就不可能有产业结构高级化的发展，同时，产业结构合理化也是在一定高级化基础上的合理化；而产业结构高级化是产业结构从一种合理化状态上升到更高层次合理化状态的发展过程，从而实现产业结构在更高层次上的协调。

值得注意的是，产业结构优化是一个动态的、相对的概念[①]，在一国经济发展的不同阶段，产业结构优化的目标及衡量标准均不同。传统的产业结构优化的最终目标是实现最大的经济效益，而近年来频频爆发的能源危机和环境灾害，使人们越来越认识到能源和环境问题对经济发展的重要性，可持续发展、低碳经济等新的经济发展目标逐渐取代经济利益最大化的目标。因此，传统的产业结构优化理论在当前的经济发展目标下呈现了一定的局限性。本书基于传统的产业结构优化理论体系和当前的经济发展目标，对产业结构优化的内涵进行了调整。主要包括以下三个方面。

（1）产业结构优化的最终目标是实现经济—生态综合效益的最大化和产业系统的动态稳定性。

根据当前可持续发展的经济目标，产业结构优化不能仅关注经济效益，也不能为了实现生态效益而放弃经济效益，而应该实现经济效益和生态效益的统一；同时产业结构需要符合产业系统所处的环境，与当前的经济发展水平相匹配，能够满足最终需求，并能够对最终需求的变化及时地做出反应，能够抵挡资源价格波动、制度变动等外在因素的冲击，为各产业发展提供良好的生存环境，为产业系统的成长提供保障。

（2）产业结构优化的原则是产业间关联深化、协调发展和产业素质提升。

产业之间的关联水平和协调能力是产业结构合理化的核心内容。当前经济发展目标下的产业结构优化要求产业间的关联关系不再只是上下游产业之间线性的物质投入产出关系，而是一种类似于自然界生物体之间的有机联系，通过产业间资源的多级递进和循环利用，使得产业间关

---

① 田纪鹏：《世界城市旅游经济结构演进、讨论与优化研究》，中国旅游出版社2016年版，第167页。

联关系得以深化。产业间的产品交换、技术合作和知识共享等方式可以有效调整产业间的供需数量、技术水平和生产率水平，从而实现各产业的协调发展。产业素质决定产业系统的质量，是实现产业结构从低级向高级演进的关键要素。产业结构优化目标的变更要求各产业实现生态转型，从根源上改变粗放型经济增长方式。因此，产业素质提升也应符合产业结构转型的方向，以实现经济—生态综合效益为目标而进行各种创新活动。

（3）产业结构优化的过程是推动产业结构合理化、高级化和生态化的过程。

为了实现经济—生态综合效益，除了传统的产业结构合理化和产业结构高级化之外，本书认为产业结构优化还需包括产业结构生态化，即在不同产业之间构建类似于自然生态系统的产业生态系统，在系统内，通过产业间深化的关联关系充分利用各类资源，实现整个产业系统资源利用的最大化和环境影响的最小化。

二、产业结构优化的内容

产业结构优化的内容从对象角度来讲，主要包括以下四个方面。

（一）供给结构的优化

供给结构是指在一定价格条件下作为生产要素的资本、劳动力、技术、自然资源等在国民经济各产业间可以供给的比例，以及以这种供给关系为联结纽带的产业关联关系。供给结构包括资本（资金）结构、作为供给因素的投资结构、劳动力供给结构、技术供给结构，以及资源禀赋、自然条件和资源的供给结构等。产业结构优化就是要对这些因素进行结构性调整，进行投资结构的调整、教育结构的调整、科技结构的调整等。

（二）需求结构的优化

需求结构是指在一定的收入水平条件下，政府、企业、家庭或个人所能承担的对各产业产品或服务的需求比例，以及以这种需求为联结纽带的产业关联关系。需求结构既包括政府（公共）需求结构、企业需求结构、家庭需求结构或个人需求结构，以及以上各种需求的比例；也包括中间产品需求结构、最终产品需求结构，以及中间产品需求与最终产品需求的比例；还包括作为需求因素的投资结构、消费结构，以及投资与消费的比例等。产业结构优化也要对这些因素进行结构性调整。

（三）国际贸易结构的优化

国际贸易结构是指国民经济各产业产品或服务的进出口比例，以及以这种进出口关系为联结纽带的产业关联关系。国际贸易结构既包括不同产业间的进口结构和出口结构，也包括同一产业间的进出口结构（进口和出口的比例）。

（四）国际投资结构的优化

国际投资包括本国资本的流出和外国资本的流入。资本的流入和流出会带来国外产业的对内转移和本国产业的对外转移，从而引起国内产业结构的变化。国际投资结构就是指对外投资与外国投资的比例结构，以及对外投资在不同产业之间的比例和外国投资在本国不同产业之间的比例及其各种派生的结构指标。

三、产业结构优化的机理

产业结构优化的最终目的是实现国民经济的持续快速增长。但是从产业结构优化到国民经济的持续快速增长是如何转化的呢？下面就用图 3-1 来分析产业结构优化的机理。

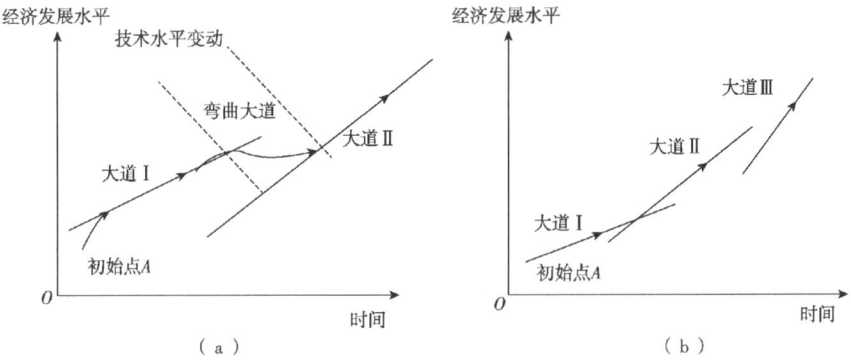

图 3-1 大道定理、经济增长与结构转换

经济增长和结构转换是一个并发过程,二者相互影响。经济增长的大道定理对于探寻产业结构演变的最优路径具有重要的借鉴和启发意义,所以我们利用图 3-1(a)来反映其基本含义。经济增长的最优路径由图 3-1(a)中的箭头标出,经济发展水平从初始点 A 先移动至大道Ⅰ,沿大道Ⅰ均衡增长一段时间后,由于技术进步的影响,最优均衡增长路径变为大道Ⅱ。为保持经济长期快速增长,经济发展水平将沿弯曲大道由大道Ⅰ转向大道Ⅱ。经济发展水平在弯曲大道上是一种非均衡的增长过程,当经济发展水平实现了向大道Ⅱ的转换后,又恢复均衡增长。大道定理所指出的经济最优增长路径就是这样一种均衡增长与非均衡增长交替的过程,其核心是尽可能地保持均衡增长。随着技术水平的提高,经济发展水平不断迈上新的增长大道。

与经济增长过程相伴随的是产业结构不断优化的过程。经济增长存在非均衡增长和均衡增长两种形式,产业结构优化则包括结构高度化和结构合理化两个过程。产业结构高度化过程是指在技术水平发生变化时,由于各产业的生产率上升率不同或产品的需求收入弹性不同,导致各产业发展速度出现差异,产业间优势地位发生更替的过程,对应于产业非平衡增长的过程。但是,由于产业之间存在相互关联,单个产业不可能独立于整个国民经济而超前发展，发展较慢的产业必然会对发展较快的产业产生制约作用（瓶颈效应），发展较快的产业也会对发展较慢的产业起到拉动作用（前向效应、后向效应和旁侧效应）。也就是说，在技术水平稳定后，各产业的发展速度有趋同趋势，这种趋同主要是由产业结构的自身调节机制来实现的。在各产业发展速度趋同的过程中，产业间的摩擦逐渐减少，产业结构的瓶颈效应逐渐消失，产业间的协调程度不断提高，当各产业的发展速度完全趋同后，国民经济各产业又重新恢复到均衡增长状态。因此，产业结构优化的最优路径应该与大道定理描述的经济增长的最优路径相似，即产业结构高度化过程对应于经济非均衡增长过程（弯曲大道），其作用是通过产业间技术结构的提升来提高经济的潜在发展速度。而产业结构合理化则对应于经济均衡增长过程（诺依曼大道），其作用是通过提高产业协调程度使经济的潜在发展速度尽可能地发挥出来。

值得强调的是，技术进步不一定能提高产业结构的高度化水平，只有当各产业所使用的技术能很好地衔接时技术进步才能带动产业结构优化；而当技术进步引起产业间的技术联系存在断层或差异时，反而会导致资源浪费和效率低下。也就是说，虽然产业结构高度化过程是由产业间的创新和技术进步引起的，但产业结构高度化水平则是由产业整体的技术结构决定的，其中适宜技术的选择以及产业间的技术学习和外溢至关重要。另外，产业结构的高度化过程能提高经济的潜在发展速度，即在生产投入不变时，产业结构高度化水平的提升能导致更多的产出增长，但是却不一定能提高经济的实际增长速度，因为经济的实际增长速度同时还受到产业结构合理化程度的制约。因此，在理想情况下，产业结构优化的最优路径除了应尽可能保持产业均衡增长之外，还应满足一个重要条件，那就是产业结构的转换应在尽可能短的时间内完成，即处于弯曲大道上的时间越短越好（在理想情况下应瞬间通过弯曲大道），见图 3-1（b）。这意味着当旧的产业均衡发展状态被结构升级（技术进步）打破之后，产业间的趋同机制最好能在短时间内发挥作用从而使产业结构迅速转向新的均衡增长路径。

综上所述，在理想情况下，产业结构优化的最优路径可以定义如下：

第一，产业发展应尽可能遵循均衡增长路径，充分发挥产业协调效应。

第二，当技术进步将原有产业均衡发展状态打破时，产业结构应尽可能在瞬间转向新的均衡增长路径，以充分发挥结构转换的效应。

第二节　产业结构合理化

产业结构合理化的思想早在古典经济学家弗朗斯瓦·魁奈（Francois Quesnay,1694—1774）的经济学说中就有了萌芽。后来马克思的两大部类分类法、华西里·列昂惕夫（Wassily Leontief）的投入产出法都对产业结构合理化的内容做了深刻的阐述。这些理论的核心都是强调各产业部门必须按比例协调发展。产业结构合理化的思想在各国经济发展战略中都得到重视和运用。

一、产业结构合理化的内涵

产业结构合理化主要是指产业与产业之间协调能力的加强和关联水平的提高，它是一个动态的过程。它要求在一定的经济发展阶段上，根据消费需求和资源条件，对初始不理想的产业结构进行有关变量的调整，理顺结构，使资源在产业间得以合理配置和有效利用。衡量产业结构是否合理的关键在于判断产业之间是否有因其内在的相互作用而产生的一种不同于各产业能力之和的整体能力。产业之间相互作用的关系越协调，结构的整体能力就越强，则与之相应的产业结构就越合理。相反，如果结构关系不协调，结构的整体能力就会降低，那么与之相应的产业结构就不合理。

从上面的分析可以看出，协调是产业结构合理化的中心内容。但产业结构的协调不是指产业之间的绝对均衡，而是指产业之间有较强的互补和谐关系和相互转换能力，只有强化产业之间的协调，才能提高其结构的聚合质量。从产业间生产和技术的角度看产业结构是否协调可以从以下几个方面判断。

一是产业素质之间是否协调，即相关产业间是否存在技术水平的断层和劳动生产率的强烈反差。如果存在断层和强烈反差，产业之间就会产生较大的摩擦，表现为不协调。

二是各产业之间的相对地位是否协调。在一定的经济发展阶段上，各产业的经济作用以及相应的增长速度不同，因而各产业在产业结构中所处的地位也就不同，从而形成了各产业之间有序的排列组合。如果各个产业主次不分，轻重无序，甚至出现产业结构的逆转，则说明各产业之间的相对地位不协调。

三是产业之间的联系方式是否协调。产业之间存在投入与产出的关系，表明了产业之间相互依赖和相互影响的关系。如果各产业之间能够做到相互服务和相互促进，那么它们之间的这种联系方式就是协调的；反之，则是不协调的。

四是产业间的供给与需求是否相适应。在需求正常变动的情况下，产业结构的协调将使其具有较强的适应性和应变能力，即通过自身的结构调整适应新的需求变动，使供给和需求之间的矛盾弱化。相反，如果对于需求的正常变动，供给迟迟不能做出反应，造成长时间的供需不平衡，则说明产业间是不协调的。

二、产业结构合理化的判断标准

产业结构合理化的实质是指各产业之间存在较高的聚合质量。而对合理化程度的判断，一般可以从以下五个方面考察。

（一）参照标准结构比较

所谓"标准结构"，是在大量历史数据的基础上通过实证分析而得到的，它反映了产业结构演变的一般规律。因此，可以将其作为参照系，与某一被判断的产业结构比较，从而检验被判断的产业结构是否合理。比较经典的参照系有钱纳里的产业结构标准模式、库兹涅茨的产业标准结构、钱纳里－塞尔奎因（Moshe Salguiyin）模式等。但由于各国的基本国情及未来的经济发展战略均不相同，导致了对产业结构的要求也不尽相同，如"大国"和"小国"、工业先行国和工业后发国对产业结构的要求都有所不同。因此，有的学者认为以标准结构为参照系，至多只能给我们提供一种判断产业结构是否合理的粗略线索，而不能成为其判断的最终根据。

（二）是否满足市场最终需求

在市场经济条件下，产业结构作为一个资源转换器，其最基本的要求是能满足市场的需求，因此，可以将产业结构和需求结构相适应的程度作为判断产业结构是否合理的标准之一。二者适应程度越高，则产业结构越合理；相反，二者不适应或很不适应，则产业结构不合理。由于市场需求总是在不断变化，因此，产业结构和需求结构之间总有一定的差距，这里的差距包括总量偏差和结构偏差两个方面。一般地，当总量存在偏差时，结构偏差也一定存在，然而，当总量平衡时，结构却不一定平衡，因此，结构平衡是比总量平衡更为深层和重要的问题。这方面的指标应用比较多的是需求收入弹性和生产收入弹性。需求收入弹性用某一商品需求增加率与人均国民收入增加率之比来表示，而生产收入弹性用某一商品生产率增加率与人均国民收入增加率之比来表示。当需求收入弹性与生产收入弹性相等时，则表示此时的产业结构能够满足此时的社会最终需求，但是这种情况一般很少出现，因此，可以通过二者的差值大小、调节速度等来判断产业结构对最终需求的满足程度。

（三）产业间的比例关系是否协调

从理论上说，经济增长是在各产业协调发展的基础上进行的，比例协调的产业结构应当不存在明显的长线产业和短线产业，因为无论是存在长线产业还是存在短线产业，都表明其对市场需求的不适应，也都是对资源的一种浪费。比例协调的产业结构中更不能存在瓶颈产业。瓶颈产业的存在，不但表明其与市场需求存在严重不符，而且极端地影响了整个产业结构系统的资源转换效率和产出能力。事实上，各产业绝对均衡的发展状态是很难出现的，在经济发展过程中，各产业部门的发展速度不同，从而导致相互之间的比例也会发生变化，出现结构不平衡。只有那种超越了一定界限的结构失衡，才会导致经济不能正常运行，才算是产业间比例关系不协调。这方面常用的指标包括比较劳动生产率，即用某一产业产值占总产值的份额与该产业劳动力占社会总劳动力的份额的比来衡量；影响力系数和感应度系数二者均用投入产出法来比较各产业生产活动变化对其他产业生产活动产生的影响，或受其他产业生产活动影响的程度等。

（四）能否合理和有效地利用资源

产业结构作为资源转换器，其功能就是对投入的各种生产要素按市场的需求转换为不同的产出。在该转换过程中，转换效率是一个相当重要的指标。因此，对资源进行合理有效的利用，也就成为判断一个产业结构是否合理的重要标志了。对资源的合理有效利用，主要包括两个方面的含义。一是提高资源的使用效率。在此方面，技术进步是关键。二是通过多种渠道，充分利用系统内外的各种资源。在此方面，系统内部的组织创新和对外部环境的利用就变得尤为重要。这方面可以用影子价格分析法衡量。影子价格是与实际市场价格不同的、用线性规划方法计算出来的反映资源最优使用效果的价格。按照西方经济学的理论，当各种产品的边际产出相等时，表明资源得到合理配置，各种产业的供需平衡，产业部门实现了最佳组合。所以，能够通过计算各产业部门的影子价格与产业总体的影子价格的平均值的偏离程度来衡量产业结构是否合理，偏离程度越小，产业结构越趋于合理。

（五）可持续发展

自从人类进入工业社会以来，经济总量飞速增加，社会财富也得到迅速积累。然而，这样的经济总量和社会财富增长是以自然资源的大量消耗和生态环境的严重破坏为代价的。随着社会的进步，人们已充分认识到，在人类赖以生存的地球上，资源正在日益枯竭，环境正在日益恶化。因此，一个合理的产业结构还应满足可持续发展的要求。所谓"可持续发展"，是指既满足当代人的需求，又不对后代人满足其需求的能力构成危害的发展。

三、产业结构合理化调整的动力与机制

产业结构调整机制是一种根据现有产业结构状态，通过输入某种信号和能量，引起结构变动，从而形成新的产业结构状态的作用过程。产业结构从不合理向合理化方向调整，其动力是结构调整过程中存在收

益，但在不同的结构调整机制中，结构调整动力的表现形式是不同的。根据输入信号的性质和调整方式的类型，可以将产业结构的调整机制分为市场机制和计划机制。

产业结构调整的市场机制是经济系统的一种自我调整，即经济主体在市场信号（价格）的引导下，通过生产要素重组和生产要素在产业间流动，使产业结构尽可能适应需求结构变动的过程。如果需求结构发生变化，破坏了原有的供需结构，可以引起价格发生波动。当价格波动幅度大到一定程度，即达到部门间生产要素转移的临界点（转移后收益＝转移成本＋机会成本）时，产品价格下降部门的要素就会转移到产品价格上涨的部门，直到形成供给结构和需求结构之间新的均衡点为止。在市场机制中，无数分散的企业是产业结构调整的主体，其动力是企业对增加利润和避免损失的追求。企业根据社会需求的不断变化，将资源投入那些应该优先发展的产业，或从过剩、过时的产业中及时地转移出来，从而使得产业结构依据市场需求的变化不断地演变和优化。

产业结构调整的计划机制是一种对经济系统的调控过程，调控的主体是政府，主要的动力是政府对经济持续、稳定、协调增长的追求。该机制是政府通过向经济系统输入某种信号，直接进行资源的产业间配置，使产业结构得以变动的过程。政府根据现有产业结构状况和对产业结构变动的预测，从经济发展的总体目标出发，通过纵向等级层次向主体发布指令，以调整产业部门间的供求关系。指令通常有两类：一类是正确应用各种经济手段，如价格手段、财政手段、金融手段，引导企业的投资方向，以保证企业的投资有利于国民经济整体价格的优化；另一类是直接运用各种行政手段，如制定经济发展的各种方针、政策、规章制度和计划干预经济生活，还可通过其所掌握的较为完备的信息引导企业的生产经营方向，使产业结构向合理化的方向演变。

第三节　产业结构高级化

一、产业结构高级化的内涵及内容

产业结构高级化是一个连续不断的动态过程，主要指产业结构从低水平状态向高水平状态的发展，也可称为产业结构的升级。产业结构高级化强调技术集约化程度的提高，要求主导产业和支柱产业尽快成长和更替，打破原有的产业结构低水平的均衡，实现少数高科技、高效率产业的超前发展，然后带动相关产业及整个国民经济的发展。一般来说，产业结构高级化包括以下基本内容。

（一）从产业素质来看

新技术在各产业部门得到广泛运用，社会有机构成得到进一步提高；产业的劳动者素质和企业家的管理水平不断上升；各产业的产出能力、产出效率不断提高；产业能够适应经济发展阶段的升级换代，即落后的产业被淘汰，新兴的产业兴起和壮大。

（二）从结构发展方向来看

整个产业结构由第一产业占优势顺次向第二产业、第三产业占优势的方向发展；在资源结构上，由劳动密集型产业占优势顺次向资金密集型、技术密集型产业占优势的方向发展；在加工工业中，由制造初级产品的产业占优势逐步向制造中间产品、最终产品的产业占优势的方向发展。

（三）从产业组织发展来看

竞争从分散的、小规模的竞争向联合或集团式的集中性、大规模竞争的方向发展，规模经济的利用程度大大提高；产业间关系趋向复杂化，大、中、小型企业的联系越来越密切，专业化协作越来越细，企业多角化经营范围越来越广。

（四）从产业与国际市场的联系来看

产业结构高级化要求产业结构的开放度不断提高，产业结构不再是自我封闭式地维持均衡发展，而是通过国际投资、国际贸易、技术引进等国际交流方式，实现与产业系统外的物质能量的交换，在更高层次上实现自身的均衡协调发展，建立国际协调型产业结构。

产业结构高级化也是一个相对概念，它是产业结构在需求拉动、科技推动等因素的作用下，在一定的经济发展阶段，针对现有的社会生产力水平和新媒体背景下产业经济发展研究水平尤其是科技发展水平而言的。

二、衡量产业结构高级化的方法

衡量一国产业结构高级化有两种基本思路：一种是截取不同的时点进行纵向比较，另一种是选取参照国进行横向比较。下面介绍五种具体方法。

（一）标准结构法

该方法是将一国的产业结构的平均高度进行比较，以确定一国产业结构的高级化程度。

库兹涅茨在研究产业结构的演变规律时，不仅通过时间序列数据对产业结构的演变规律进行分析，而且通过横截面数据对经济发展阶段与产业结构的对应关系进行研究。这种从截面研究产业结构的方法，为我们了解一国产业结构发展到何种程度提供了比较的依据。利用这种方法，库兹涅茨提出了经济发展不同阶段的产业标准结构，根据标准结构就能了解一国经济发展到哪一阶段以及产业结构高级化的程度。其他学者也提出过类似的标准结构，如钱纳里的产业结构标准模式、钱纳里－塞尔奎因模式。

（二）相似系数法

这是以某一参照物的产业结构为标准，通过相似系数法的计算，将本国的产业结构与参照国的产业结构进行比较，以确定本国产业结构高级化程度的一种方法。

设 A 是被比较的产业结构，B 是参照系，X_{Ai}、X_{Bi} 分别是产业 I 在 A 和 B 中的比重，则产业结构 A 和参照系 B 之间的结构相似系数 S_{AB} 为：

$$S_{AB} = (\sum_{i=1}^{n} X_{Ai} X_{Bi}) / (\sum_{i=1}^{n} X_{Ai}^2 X_{Bi}^2)^{\frac{1}{2}} \qquad (3-1)$$

我国学者曾利用相似系数法以日本为参照系，对中国产业结构的高级化程度进行过估计，认为中国 1992 年产业结构中的劳动力结构与日本 1930 年的劳动力结构高度相似（相似系数达到 0.9846）；而中国 1989 年的产值结构则与日本 1925 年的水平基本相同（相似系数为 0.9268）。

（三）高技术产业比重法

在工业内部，衡量产业结构高级化程度可以用高技术产业比重法，因为产业结构高级化过程，也是传统产业比重不断降低和高技术产业比重不断提高的过程。通过计算和比较不同年代高技术产业的产值、销售收入等在全部工业中的比重，可以衡量产业结构高级化的程度。发展中国家可以以发达国家为参照对象，通过比较高技术产业的比重，来发现发展中国家产业结构高级化的相对水平和寻找与发达国家的差距。

(四)软化度判别法

"软化经济"是1983年由日本的结构变化与日本经济专门调查会首次提出的。产业结构软化主要包括：一是随着产业结构的演进，软产业（主要是指第三产业）的比重不断上升，出现经济服务化趋势。随着当今世界经济向服务化趋势发展，第三产业的经济总量远远超过工业。二是随着工业结构的高度加工化和高技术化过程，整个产业结构对管理、技术和知识等"软"要素的依赖大大加强。可依软化率指数将产业划分为软化产业及硬化产业。软化率的计算一般有两种方法，即：

$$软化率 = 非物质投入 / (非物质投入 + 物质投入) \quad (3-2)$$

$$软化率 = (非物质投入 + 工资费用) / 生产额 \quad (3-3)$$

按照日本的标准，软化率大于60%的产业为高软化产业；40%~60%为低软化产业；小于40%为硬化产业。

在实践中，产业结构的软化程度的衡量标准较难把握，其内涵相当丰富，主要为：在测度各经济区域产业结构的软化程度时，选取第三产业占国内生产总值的比重和第三产业就业人数占就业总人数的比重进行分析。设某地区的第三产业产值占该地区生产总值的比重为 a_1，第三产业的就业人数占该地区就业总人数的比重为 a_2，软化系数 a_1、a_2 的算术平均值 $a = (a_1 + a_2)/2$。

(五)高加工度化比重法

高加工度指标体现了加工工业产值的比重。随着产业结构不断升级，产业加工度不断深化，技术、知识密集程度不断提高，附加值也不断增大，所以，高加工度化过程也被称为高附加值化过程。同时，随着工业加工程度的加深，工业增长对原材料的依赖度逐渐下降，使得产业对资源、能源的依赖度降低，从而促进产业结构向物质化方向发展，这通常用加工工业产值占全部工业总产值的比重或加工工业产值占原材料工业产值的比重来衡量。

三、产业结构高级化的根本动因——创新

产业结构高级化的根本动因是创新。按照经济学家熊彼特的观点，创新是引入一种新的生产函数，以提高社会潜在的产出能力。具体表现为三个方面：提供新商品和服务；在既定生产要素的约束下提高产出数量；具有一种扩散效应的功能，能促进经济的快速发展。因此，创新不仅可以提高生产商品和服务的能力，而且可以增加商品的种类；同时，创新的出现在产业结构效应的作用下能够引起关联产业的一系列积极变化。

创新是产业结构升级并引起产业结构质变的强大推动力。创新对产业结构升级既有直接影响，也有间接影响。

创新对产业结构的直接影响主要表现为：创新引起生产要素在产业部门之间的转移，导致不同部门的扩张或收缩，从而促进产业结构的有序发展。一般来说，当创新带来的是新产品的开发或原有产品的改善时，会吸引生产要素流入这些部门，从而使得这些部门不断扩张。例如蒸汽机的发明、电力的发明、计算机的发明等，都带来了巨大的技术变革、技术进步，促进了新产业的产生，并使得产业结构不断升级。

创新对产业结构的间接影响主要表现在以下几个方面：创新带来新的市场需求，新的市场需求带来新的产业，新的产业满足了生产和生活中潜在的和更高层次的需求，这种旺盛的需求又刺激了新产业的扩张；创新带来生产方式的变革和生产社会化程度的提高，在手工技术的生产时代，无论是工业还是农业采用的都是分散的、小规模的、相对封闭的生产方式，技术创新使得世界进入工业生产时代，然后进入信息经济时代，使得生产方式朝着多样化（既有大规模生产，又有分散的智能化生产）、社会化、国际化的方向发展。

四、产业结构高级化的机制

产业结构高级化是通过产业间优势地位的更迭来实现的,是各个产业变动的综合结果。它是以单个产业部门的变动为基础的,因为只有单个产业部门的变动才会引起并导致整个产业结构的演变。从单个产业部门的变动来看,其一般会经历"形成—扩张—成熟—衰退"的运动过程。产业形成的关键因素之一是产业创新,而产业衰退的本质是产业创新能力的下降。可见,任何一个产业部门的发展都与创新相联系,表现出扩张与收缩的规律性。因此,一个国家的各个产业部门就可以依据其距离创新起源的远近来确定各自不同的相对地位。库兹涅茨通过研究发现,从较长的时间序列看,产业增长速度随着该产业从扩张、成熟到衰退而处于高速增长、均速增长和低速增长的变动中。如果从一个时点看,总会看到多种处于不同增长速度的产业,即低增长部门、高增长部门和潜在高增长部门同时存在。一般高增长部门由于距离创新起源更近而处于相对优势地位,在总产值中占有较大份额,并支撑着整个经济的增长。随着时间的推移,由于新的创新与创新的扩散,产业结构的变动呈现为高增长优势产业间的更迭。因此,产业结构的变动是通过产业间优势地位的更迭实现的。①

五、产业结构高级化的表现形式

上述高增长部门通常是指产业系统中的主导产业,也就是说,产业结构高级化的表现形式就是主导产业的有序更替。创新可导致主导产业得以快速扩张,进而导致其他产业乃至整个产业结构的升级。

观察产业结构演变的历史,可以发现不同的经济发展阶段对应着不

---

① 郝家龙:《循环经济与资源城市成长路径》,吉林出版集团有限责任公司2016年版,第169页。

同的产业结构,而不同产业结构的突出特点是有不同的主导产业。罗斯托在他的《经济增长的阶段》和《政治与增长阶段》(*Politics and the Stages of Growth*)前后两部著作中将人类社会的经济成长分为六个不同阶段,并指出了每一阶段的主导产业,如表3-1所示。

表3-1 与罗斯托的经济成长阶段相应的主导产业

经济成长阶段	相应主导产业
传统社会阶段	以农业为主体
为起飞准备条件的阶段	仍以农业为主体
起飞阶段	纺织工业
成熟阶段	钢铁、电力、煤炭、通用机械、化肥工业
高额群众消费阶段	汽车制造业
追求生活质量阶段	以公共服务业和私人服务业为代表的生活质量部门

在表3-1的六个经济成长阶段中,每个阶段都有相对应的主导产业。正是主导产业的更替,并通过其前向、后向、旁侧三种效应带动其他产业发展,从而实现产业结构的转换。主导产业的更替有其规律性的先后顺序,随着经济活动范围的不断扩大和社会分工的进一步深化,由单个产业充当主导产业角色来带动整个经济发展和产业结构演变的现象几乎不再存在,而越来越多的是由一组产业形成一个"主导产业群"来带动经济发展和产业结构向高级演变,如表3-2所示。

表3-2 各阶段主导产业对应的主导产业群

经济发展阶段	主导产业群
起飞阶段	棉纺织业、早期机器制造业、炼铁业、铁路业
成熟阶段	钢铁工业、采煤工业、造船工业、机器制造业、铁路运输业、轮船运输业
高额群众消费阶段	汽车工业、化学工业、电力工业、电器工业、机械制造业
追求生活质量阶段	信息产业、计算机工业、新材料工业、新能源工业、宇航工业

第四节　产业结构生态化

产业结构作为资源的转换器，其最终目的是将各种投入要素转化为产品和服务以满足社会需求，而产业结构优化的实质是在各产业之间合理配置资源，不断提高资源使用效率，增强结构转换能力。传统的产业结构优化理论假设自然资源的存量是充足的，将资源禀赋作为前提条件，也很少考虑产业结构变动对环境的影响，这显然有悖当前的可持续发展经济目标。由此可见，传统的产业结构优化理论仅从产业结构合理化和产业结构高级化两个维度来解释产业结构优化的目标及评价标准，在环境状况日益严峻、资源相对缺乏的形势下存在一定的局限性。

一、产业结构生态化的内涵

产业结构生态化是指参照自然生态系统的有机构成和循环原理，在不同产业之间构建类似于自然生态系统的、相互依存的产业生态系统，以实现资源充分利用，污染排放减少，从而逐步将整个产业结构对环境的负外部效应降到最低限度，实现经济效益和生态效益的统一。在自然生态系统中，非生物与生物间、高级生物与低级生物间组成了一个由低到高、由简单到复杂的生态食物链，能量与物质在这条食物链中逐级传递，由低级到高级，又由高级到低级循环往复流动，从而形成一条相互关联和互动的生物链，维持自然界各物质间的生态平衡。生态化的产业结构是指在各产业之间形成类似于自然界生物体之间的有机联系，通过产业间的产业关联和副产品关联，实现资源的多级递进和循环利用，并将生产过程中产生的废弃物进行再加工和处理，使之成为其他生产过程中可以利用的再生原料或能源，从而实现资源的再利用，减轻经济发展对自然界原料与能源的消耗，减少环境污染。

二、产业结构生态化的演进机理

产业结构生态化致力于通过结构调整实现经济增长与生态发展之间的平衡协调，但是就生产活动的角度而言，这一概念还是过于宽泛了，因为结构的调整必定依赖于不同产业生态化水平的提高，以及构成产业的微观企业与产品构成和生态化水平的改变。

（一）产业生态化

产业生态化的核心思想是模仿自然生态系统的闭路循环模式构建产业生态系统，其目的在于提高资源利用效率、减少并最终消除环境破坏、促进产业发展与生态保护相协调，其过程则全面分布于生产、分配、流通与消费等各个环节。产业生态化能够为决定如何进行产业调整提供基于对生态系统的认知，且能为决策者提供生产与消费过程中的产品与制度结构指导以及经济中的物质与能源流动的分析框架。

产业的生态绩效水平提高会改善整个产业结构的生态绩效，尤其是当该产业作为主导产业时效果更加明显。主导产业的选择及其生态绩效对产业结构生态化具有重要意义。在现实经济中，各产业并不是孤立发展的，而是在产业链或产业网络中具有不同的地位，上游产业或影响力系数较大产业的生态化水平提高会通过产业链或产业网络中的扩散效应引起其他产业的生态化水平的提高，从而提升产业结构生态化的调整速度和扩大产业结构生态化的规模。此外，产业生态培训也会对产业部门的可持续发展产生积极的直接效益，因为这种基于问题的培训方法在学者与从业者的自主学习之间提供了一种跨学科的协作机制。

产业组织结构调整在促进节能减排的过程中具有重要作用。从企业竞争角度来看，企业所处的既定市场结构将直接制约企业的生态化选择，市场竞争程度越高，企业的生态化动机越强烈；从企业合作角度来看，企业生态化合作会在彼此之间形成一种互惠互利的协同发展机制。同时，企业规模与产业规模也会影响企业生态化行为，一体化大企业由于具有较大的规模，也更有能力实现技术创新，因此其生态化行为会在更大程度上促进产业结构生态化。但是一体化大企业一般具有一定的垄断势力，在企业仍然以利润最大化为主要目标且市场竞争稳定的情况下，其生态化的动机往往并不那么强烈。

（二）企业生态化

目前，大多数企业仍然处于传统的粗放型生产方式中，遵循"资源—产品—废物"的单向线性非循环的组织与技术路线。这种生产方式不仅加剧了生态危机，而且严重妨碍了企业的可持续发展，因此，企业生态化的概念逐渐被提出并被实践。企业生态化是指由传统企业向生态企业转化的过程。从广义的视角来看，企业生态化是指企业将自身生产活动纳入全球生态系统，使自身对资源的索取及对环境的影响与全球生态系统的可持续性相容。

企业生态化促进产业结构生态化的机理包括生产方式生态化与企业结构生态化两个方面。首先，生产方式生态化是指使原有的"资源—产品—废物"的线性生产方式转化为"资源—产品—再生资源"的闭环生产方式。这是一种具有典型循环经济特点的生产方式。其次，企业结构生态化是指由企业内部结构性因素所标示出来的企业总体的生态化水平，主要包括技术结构的生态化与要素结构的生态化。技术结构的生态化是指在企业的技术构成中生态技术创新、研发、使用及其所占比重的增加。生态技术是一系列对生态环境无害并会改善生态环境的技术的统称，既可以通过对原有的传统技术的改良产生，又可以通过对新技术的研发与创新获得。企业是实现生态技术创新的主体，企业技术创新对企业生态化发展具有显著的正向促进作用：生态技术在企业技术构成中所占比重越大，企业对生态要素的利用也就越彻底，企业的生态绩效水平也就越高。要素结构的生态化是指在企业的生产要素构成中低碳要素的使用及其所占比重的增加。主要体现为：原材料能源是否节约或者可循环利用，人力资本是否有很高的生态环保意识，排出的废弃物是否得到有效处理或者可再生和利用，等等。此外，对企业结构生态化的考察还可以从其他方面展开，如产权结构、部门结构、资本结构、设备结构、人员结构、文化结构、原料结构、产品结构、废物排放与再利用结构等。

（三）产品生态化

产品生态化理念最初的权威解释体现在1992年世界可持续发展工商理事会界定的生态效率概念中，其认为生态效率是通过提供能满足人类需要和提高生活质量的竞争性定价商品和服务，同时使整个生命周期的生态影响与资源强度逐渐降低到一个至少与地球的估计承载能力一致的水平来实现的。

产品生态化作为产业结构生态化的微观机制首先体现在投入产出模型中。由于上下游产业及旁侧产业之间的相互关联是以产品的投入与产出形式实现的，因此上游产业的产品生态化水平将通过产业链与产业网络扩散到对整个产业系统与产业结构生态化水平的影响中。在既定的技术条件下，上游产业的产品生态化水平提高，将会通过前向效应、后向效应与旁侧效应等改善整个产业结构的生态绩效。

产品生态创新是实现产品生态化的重要途径。首先，产品生态创新可通过生态技术创新降低产品生态足迹中不可再生能源所占比重，降低产品生命周期内的生态影响。其次，产品生态创新可通过产品生态设计与再设计降低产品生命周期内的生态影响，在用户端强化显示控制标签和产品信息以及设置控制器等以有利于提高产品的生态绩效。生态技术创新与产品生态设计贯穿于整个产品生命周期与产品生态化过程。最后，与消费者的互动也能够影响产品的生态足迹。给消费者提供选择空间能够使得市场信息内部化于消费者的行为，允许消费者进行比较并表达他们的生态偏好可直接影响市场需求，从而将个人消费行为与他们的生态影响联系在一起。

三、产业结构生态化的演进路径

（一）强生态化路径与弱生态化路径

产业结构强生态化路径是指通过构建类似于自然生态系统的产业生态系统及充分提高产业间的技术经济关联程度，使产业生态系统能够完全（或在极大程度上）按照闭路循环方式进行生产和消费活动，从而使经济增长与生态发展并行不悖。产业结构一旦形成就会具有惯性和刚性，受利益分配格局的影响与技术水平的制约。目前中国并不完全具备强生态化的基础与条件，因此产业结构的生态化演进与生态型产业结构的构建将是一个长期过程。但是在现阶段，中国正同时面临经济增长速度放缓与生态环境保护的双重压力，既不能继续走粗放型增长的老路，又不能为了保护生态环境而使经济增长降低到不可接受的程度。

产业结构弱生态化路径在至少不降低生态环境质量的基础上能够促进经济增长与结构调整。产业结构弱生态化路径是指在现有技术条件与成本约束下，通过治理环境污染、调整生态要素投入结构和发展对生态要素依赖程度低的产业以达到经济增长、结构调整与生态保护的多重目的。弱生态化路径是一种兼顾经济增长与环境保护的折中方式，其与强生态化路径的主要区别在于能否实现关键技术或核心技术的重大创新、突破与扩散。产业对生态要素依赖程度的高低可以用该产业的生态效率或生态足迹来表示，生态效率越高的产业对生态要素的依赖程度越低。

（二）发展环保产业

不考虑环境污染治理的技术层面内容，仅从产业层面进行研究，环保产业占据核心地位。与传统产业不同，环保产业广泛分布于经济活动的各个部门，从基础产业到整个工业和服务业，都与环保产业密切相关。环保产业的发展不仅可以改善环境质量，而且能够保障国民经济的可持续发展能力，对产业结构升级也具有积极的促进作用。因此，促进环保产业发展是产业结构生态化调整的必然选择。但是，相对于国民经济的总体规模和增长速度而言，中国的环保产业自身的规模仍然偏小，且存在技术水平落后、价格机制紊乱、市场结构不合理等严重问题，因此还需要从多个方面规范环保产业的发展。鉴于环保产业存在上述诸多严重问题，且环保产品与服务的公共品性质使得环保产业往往表现出市场有效供给不足的现象，因此，环保产业的发展需要政府的积极推动，如加强环保产业的法律制度建设、拓展环保产业融资渠道、促进公平竞争等。在完善环境立法与严格环保执法的努力方面，政府责无旁贷。

促进环保产业发展的另一个重要途径是对其增加投资，尤其是对环保产业的研发投资。环保产业的投资不足制约了其生产规模的扩大与技术水平的提高，因此，需要政府拓展环保产业的融资渠道，对环保产业增加投资。促进环保产业发展就要改变环保产业不合理的市场结构，促进环保企业公平竞争，从而形成稳定的价格体系。

（三）调整能源结构

中国的能源结构调整是一个受到广泛关注的问题。理论分析表明能源消费结构中传统能源消费比重的降低和新能源或可再生能源消费比重的上升将会提高能源效率，但是实证检验却并不支持这一结论。现有的实证研究结果表明，中国能源消费结构变动对提高能源效率的贡献是相当微弱的；对产业部门间的能源配置结构的研究也表明，中国能源效率的提高主要是由技术进步推动的，而不是能源配置结构的变迁。导致这一结论的主要原因在于，中国的能源结构实际上并没有发生明显变化，在短期内传统的高碳能源仍将是中国能源消费的主要组成部分，煤炭和天然气的生产与消费之比也长期维持在均衡状态。但是，从长期来看，能源结构调整是实现经济社会可持续发展的必然趋势，也是产业结构生态化调整的基本路径。

从能源配置结构的角度看，第二产业的能源消费量最高但能源效率最低，能源在三次产业间还无法实现自由流动，这对提高能源效率的作用并不明显。第二产业中的工业部门由于受到生产方式和技术水平的限制，对能源投入具有刚性需求；在生产结构上则转向能源密集型产业，使得第二产业的能源消费量及其比重相对稳定。价格机制不完善是导致能源要素无法在各产业部门间自由流动的主要原因。目前中国已经初步形成较为合理的能源价格机制，政府对能源价格进行适当的调控和监管，能源要素能够在一定程度上根据能源生产率及生产率增长率的高低在三次产业间以市场价格机制为基础相对自由地流动。基于上述分析，优化能源配置结构需要从两个方面入手：一方面，要改变工业部门的生产方式，提高其技术水平与能源效率，并鼓励第二产业减少能源消费量；另一方面，要建立合理的能源价格机制，使能源要素能够按照市场需求在产业间自由流动。

第五节 区域产业结构优化

产业结构具有层次性。区域产业结构就是指按一定标准划分的有限空间范围内的产业结构。区域产业结构优化对提高区域经济发展水平、形成区际经济良性互动、促进一国经济发展具有重要意义。

一、区域的界定

要分析和研究区域产业结构就要先对区域进行界定。界定区域的方法主要有三种,即均质区域法、极化区域法和行政区域法。

(一)按均质区域法划分的经济地带

均质区域法是指以内部性质具有相对的一致性为标准来划分经济区域的方法,这一划分方法强调其所属区域的共性。它使位于同一经济带之内的不同地区具有相近的自然、经济、社会等条件和发展水平,其主要目的在于处理不同发展水平的地区之间的关系。例如,《中华人民共和国国民经济和社会发展"九五"计划和2010年远景目标纲要》将我国划分为七个跨省市区的经济区域:长江三角洲及沿江地区、环渤海地区、东南沿海地区、西南和华南部分省区、东北地区、中部五省地区和西北地区。经济地带的划分,排除了地区内发展的不平衡因素,有利于一国从总体上把握地区经济发展的基本走向,有利于正确处理国内发达地区与欠发达地区间的关系。

(二)按极化区域法划分的大经济区

极化区域法是指按照区域增长极的关联关系来划分经济区域的方

法，通常是指以中心城市和交通要道为依据划分的、具有全国意义的专门经济区域。这种划分以经济效益为核心，强调生产联系和产业结构的合理化，其目的在于充分发挥经济中心的作用，带动地区经济的发展。这种划分方法有利于发挥经济中心的辐射作用。

（三）按行政区域法划分的行政区划经济区

行政区域法是一国政府为了方便管理并有利于实现一定的经济目标，主要按照行政区划来划分经济区域的方法，它强调经济区域中国家行政管理的重要性。这种划分的优点是区界明确，有利于政府实施经济管理行为。在我国，行政区划经济区包括省区市层次的经济区、地市层次的经济区、县市层次的经济区等。具有全国意义的省区市层次的经济区是一个大国进行宏观经济管理所不可缺少的重要层次，它往往与相应等级的极化区域基本一致，具有较强的实际意义。[1]

综上所述，经济地带、大经济区和行政区划经济区是一国具有国民经济意义的经济区域，能够从不同方面反映国民经济地域分工体系的结构。

二、区域产业结构优化与经济发展

（一）区域产业结构的含义

区域产业结构是指一个国家按照一定标准的经济区域内产业与产业之间的技术经济联系和数量比例关系。区域产业结构按照不同划分标准可以划分为区域三次产业结构、农轻重结构、原材料与加工工业结构、要素密集型产业结构等。区域产业结构既是区域经济结构的主要内容，又是国家总体产业结构的子系统。实践证明，区域产业结构优化对任何

---

[1] 赵玉林：《产业经济学》（第2版），武汉理工大学出版社2008年版，第247页。

一个大国的经济发展都至关重要。

（二）区域产业结构的特点

区域产业结构不仅是全社会生产分工的产物，也是地域分工的产物。各个地区自然条件、要素禀赋等的不同，形成了地区比较优势的不同，产生了地域分工，使各种产业在不同地区的分布情况不同。在地区层次上，地域分工表现为以地区专门化生产为中心的社会再生产各环节、各部门的组合；在国民经济层次上，地域分工表现为各地区之间的生产协作。因此，区域产业结构也可以说是资源有效配置的经济结构与空间结构的结合。一国的地区间由于不存在国界问题，地区间的生产要素和商品具有较强的流动性，区际分工和联系也远比国家之间的生产要素和商品的流动性要强，所以，区域产业结构往往各具特色。一般来说，区域产业结构具有以下特点。

（1）区域产业结构中往往并不具备一国国民经济的所有部门。

（2）区域产业结构中一般都具有若干在全国具有专业化分工优势的产业部门。

（3）各地区比较优势不同，专业化部门各异，产业结构往往存在明显差异。

（4）区域产业结构之间互补性、依存性较强。

（三）区域产业结构优化是经济发展的重要保证

区域产业结构优化与区域经济增长一样，都是地区经济发展的重要方面。经济增长从总体规模方面反映了地区经济发展的数量扩张；而产业结构优化则从产业技术水平方面反映了地区经济发展的质量演进，其实质是通过产业结构改善来提高产出和效益水平。二者在区域经济发展过程中密切联系、相互制约，经济增长引起产业结构演进，而产业结构演进又进一步推动经济增长。因此，区域产业结构的优劣是一个地区经济发展质量和水平的重要标志，区域产业结构的转换和演变决定着地区工业化、现代化的进程，合理、高效的区域产业结构是地区经济大发展的必备条件。要实现区域经济持续、快速地增长和发展，必然要求区域产业结构的良性演变，也必然要求努力促进区域产业结构的高度化和合理化。优化区域产业结构是每个国家，特别是国土较大的国家在经济发展过程中所必须重视的大课题。我国是一个幅员辽阔的大国，地区差异很大，经济发展又极不平衡，区域产业结构优化问题就显得格外突出和重要。

三、区域产业结构的影响因素

（一）区域要素禀赋

地区生产要素的特殊性决定了某一地区的产业结构与其他地区的产业结构的不同。劳动力资源丰富的地区有利于发展劳动密集型产业，形成以劳动密集型产业为主导的区域产业结构；劳动力素质较高的地区则有利于发展技术密集型或知识密集型产业，形成以技术或知识密集型产业为主导的区域产业结构；矿产资源较丰富的地区有利于发展资源型产业，形成以资源型产业为主导的区域产业结构；资金较丰富的地区有利于形成以资金密集型产业为主导的区域产业结构。地区拥有的劳动力、资源、技术和资金等生产要素是区域产业结构的决定性因素。发展地区经济一定要根据地区的要素禀赋条件来安排。区域产业结构的现实水平不能脱离地区生产要素的供给状况，区域产业结构的优化也必须从地区生产要素供给的现实条件出发。

（二）需求结构导向

需求结构是产业结构演进的推动力。旺盛的消费需求为地区产业的发展提供了广阔的市场，为产业的扩张提供了市场保证。需求结构的变化又会引起产业结构的变化。地区消费水平的提高将促使消费结构升级，从而促进区域产业结构的高级化。同时，在存在区际分工协作的条件下，区域产业结构还会受到其他地区需求结构的影响，特别是受到消费水平较高地区的需求结构的影响。在国际分工的条件下，区域产业结构还会受到国际市场需求结构的影响。实践证明，一个地区的经济开放度越高，其他地区和国际市场的需求结构与该地区的产业结构相互关联和影响的程度就越高，也就越有利于该地区产业结构的优化和地区经济的发展。

（三）地区间的经济联系

地区间的经济联系越紧密，产业的结构效应就越能发挥作用。地区间的经济联系主要是地区间商品的区际贸易和生产要素的区际流动。区际贸易是实现地区间比较利益的必由途径。它通过比较各地区的经济优势，形成区域产业结构之间的分工；它还沟通了地区间的产业关联，使区域产业结构受到其他地区需求结构和供给结构的影响。生产要素的区际流动将改善地区生产要素的供给状况，进而优化区域产业结构。在开放经济条件下，区域产业结构还受区外和国际市场的较大影响，国家间的商品贸易和要素流动最终要落实到一国的某些地区，直接影响这些地区的产业结构，并通过区际联系间接影响其他地区的产业结构。

（四）生产的地区集中度

生产的地区集中度是指一个地区的某产业或产品的生产规模占全国的比重。它可以用区位熵来表示。生产的地区集中度主要受国家的产业战略布局、经营环境、市场规模、生产要素等多种因素的影响。不同产业之间生产的地区集中度的不同决定了不同的区域产业结构。

除以上因素外，地区的政治法律环境、经济政策环境、交通条件、历史文化背景等都会不同程度地影响区域产业结构。这些因素相互联系、相互作用，共同决定了区域产业结构的现状和发展方向，同时也构成了区域产业结构优化的基础和途径。

四、区域产业结构分析的经济指标

优化区域产业结构，促进区域产业结构的高度化和合理化，必须进行大量的论证工作。其中，论证体系的建立必须借助一些定量分析方法，包括多种指标体系和经济模型。

（一）反映区域产业结构专业化的经济指标

区域产业结构的专业化是指某地区一个或几个产业的生产相对于全国水平的集中程度。专业化水平的衡量可以从产值、产量、劳动力数量、固定资产额、产品输出量等几个方面来考察。反映区域产业结构专业化的指标主要有以下几种。

（1）区位熵（Location Quotient，LQ），也称生产的地区集中度指标。区位熵通过各产业部门在各地区的相对专业化程度间接地反映了地区间经济联系的结构和方向。常用的测量指标可以是产值、产量、就业人数、固定资产额等。以就业人数为例，区位熵是一个地区某特定部门所雇用的职工人数在地区职工总人数中所占的百分比与该部门在全国雇用的职工人数在全国职工总人数中所占的百分比的比值。其计算公式如下：

$$区位熵(LQ) = \frac{某地区A部门就业人数/某地区全部就业人数}{全国A部门就业人数/全国总就业人数} \\ = \frac{某地区A部门就业人数/全国A部门就业人数}{某地区全部就业人数/全国总就业人数} \quad (3-4)$$

式 3-4 中的就业人数可以分别用产值、产量和固定资产额代替来计算各自的区位熵。用就业人数、产值、产量和固定资产额分别计算出的区位熵，分别称为地区劳动力集中度、产值集中度、产量集中度和固定资产集中度。

LQ > 1 表明 A 产业在该地区的专业化程度超过全国，属于地区专业化部门；LQ < 1 表明该地区 A 产业的专业化水平低于全国，还必须从区外输入产品；LQ = 1 表明该地区 A 产业的专业化水平与全国相当，基本自给自足。LQ 值越大，专业化水平越高。

如果某地区制鞋业职工人数占地区职工人数的 2.5%，全国制鞋业职工人数占全国职工人数的 2.0%，则 LQ = 2.5%/2.0% = 1.25 > 1，表明制鞋业在该地区属于专业化部门，其专业化程度高于全国。

区位熵的计算简便易行，却是较为粗略的经济指标。地区劳动力集中度、产值集中度、产量集中度和固定资产集中度都无法准确地表示地区内产业部门的生产率与全国同类产业生产率的差异，还有可能产生偏差。

（2）人均产量系数和人均产值系数。其计算公式为：

$$人均产量系数 = \frac{某地区\ A\ 产业产品的人均产量}{全国\ A\ 产业产品的人均产量} \quad (3-5)$$

$$人均产值系数 = \frac{某地区\ A\ 产业产品的人均产值}{全国\ A\ 产业产品的人均产值} \quad (3-6)$$

这两个系数反映了与全国同类产业相比，该地区某产业的劳动生产率。人均产量系数、人均产值系数大于 1 的产业，说明该地区该产业的劳动生产率水平高于全国平均水平，同时也往往是地区的专业化部门。

（3）地区产业区际输出指标。在地区经济开放的条件下，地区生产的产品必然要输出到外地和外国。这样，就存在地区产业区际输出的问题。这一指标也能反映地区产业的专业化水平。主要指标有：

$$区域商品率 = \frac{某地区\ A\ 产业产品输出量}{该地区\ A\ 产业产品生产总量} \quad (3-7)$$

$$区际商品率 = \frac{某地区\ A\ 产业产品输出量}{全国\ A\ 产业产品输出总量} \quad (3-8)$$

一般来说,地区专业化产业的区域商品率和区际商品率在全国各地区中位居前列。区域商品率越高,说明输出商品越多,也说明该地区该产业的专业化水平越高。区际商品率越高,说明该地区该产业的输出在全国的地位越重要,该产业的地区专业化程度也越高。

(4)区域产业输出系数。计算公式如下:

$$区域产业输出系数 = \frac{某地区\ A\ 产业产品输出量}{该地区各产业产品输出总量} \quad (3-9)$$

这一指标有时也被用来说明地区产业的专业化程度。它涉及多个产业,因而常用输出产值来计算。价格的换算要统一,否则就缺乏可比性。

(二)反映区域产业结构趋同性的经济指标

不同地区的产业结构既会有很大差异,也会有相似性。这种差异越大,表明地域分工水平越高,地区经济的互补性越强,区际联系越密切;相反,不同地区的产业结构越相似,地域分工水平就越低,地区经济的互补性就越弱,区际联系就越少。区域产业结构的趋同化程度或差异程度,可以用联合国推荐的相似系数和国内经济学家常用的相似系数来衡量。

(1)联合国工业发展组织推荐的相似系数公式:

$$S_{ij} = \frac{\sum_{k=1}^{n} X_{ik} X_{jk}}{(\sum_{k=1}^{n} X_{ik}^2 X_{jk}^2)^{\frac{1}{2}}} \quad (0 \leqslant S_{ij} \leqslant 1) \quad (3-10)$$

式 3-10 中,S_{ij} 表示 i 地区和 j 地区产业结构的相似系数;X_{ik}、X_{jk} 分别表示 k 部门在 i 地区和 j 地区产业结构中所占的比重。S_{ij} 的取值范围为从 0 到 1,系数越大,表明两地区产业结构越相似。S_{ij} 为 1 表示两地区产业结构完全趋同;S_{ij} 为 0 则表示两地区产业结构完全不同。

（2）国内经济学家常用的相似系数公式：

$$r_{ij} = \frac{\sum_{k=1}^{n}(X_{ik}-X_i)(X_{jk}-X_j)}{[\sum_{k=1}^{n}(X_{ik}-X_i)^2 \sum_{k=1}^{n}(X_{jk}-X_j)^2]^{\frac{1}{2}}} \quad (-1 \leqslant r_{ij} \leqslant 1) \quad (3-11)$$

式 3-11 中，r_{ij} 表示 i 地区和 j 地区产业结构的相似系数；X_{ik}、X_{jk} 分别表示 k 部门在 i 地区和 j 地区产业结构中所占的比重；X_i、X_j 分别表示 i 地区和 j 地区各个部门在其产业结构中所占比重的平均值。

当 $r_{ij} = -1$ 时，说明 i 地区和 j 地区的产业结构截然相反；当 $r_{ij} = 1$ 时，说明 i 地区和 j 地区的产业结构完全相同；r_{ij} 越接近 1，说明这两个地区产业结构的趋同化程度越高。

（三）区域主导专门化部门的选择

在地区经济发展规划中，一个非常关键的问题是为区域经济发展选择一个专门化的发展方向、战略方向。它的选择直接影响和制约着整个地区经济的发展，其选择的不确定性与各地区不同经济发展阶段的发展规划、产业政策及资源条件有关。这是一个非常复杂的问题。

地区的一种优势可以有多种利用方式，每一种利用方式都有可能形成一个主导专门化部门。如果一个地区技术力量强，科学、文化、教育发达，可发展技术密集型产业，而技术密集型产业种类繁多，如计算机、精密仪器、高级材料以及精细化工等，因而任何一个地区都不可能把所有这些产业都作为自己的主导专门化部门来发展。

任何地区可以发展的主导专门化部门都是有限的。如果确定很多重点，就等于没有重点，其结果就不可能把可供区域发展用的有限资源集中使用在某个最有利的方面，以加速地区经济的整体发展。一般认为，按地区优势选择地区的主导专门化部门应遵循以下原则。

（1）该部门具有大规模产出的可能性，其生产率有保持持续增长的势头和潜力，可使生产成本不断下降，有可能在地区生产总值中占有较大比重。

（2）该部门具有较强的市场扩张能力和较高的需求弹性，其发展速度快于其他产业，是一个兴旺部门。

（3）该部门具有较强的产业关联度和较好的长期预期效果，产业发展前景好。

（4）该部门能节约能源及资源。

（5）地方利益与全局利益相结合，要优先选择有利于实现全局利益的部门。

（6）在选择地区主导专门化部门时，必须尽可能使本地区的限制因素得到最有效的利用。

（四）区域主导专门化部门与其他部门的关系

在重视区域主导专门化部门和一般专门化部门发展的同时，不可忽视非专门化部门的发展。原因如下。

（1）区域主导专门化部门如果没有众多的辅助部门、自给部门及基础设施部门的协助，就不能顺利发展（如一个技术密集型主导产业需要科研、文化教育、信息、金融、商业等部门的协作）。

（2）过分强调专门化会削弱地区对周期性经济危机的抵抗能力，造成地区经济发展的衰退，给企业生产与人民生活造成困难。

（3）多样化发展才能使地区的各种资源（人、财、物）得到最充分利用。

（4）一个地区若没有自给部门，必然造成生活必需品（食品、服装等）等供不应求或价格昂贵，造成居民生活费用提高，因而导致工资水平的提高，工资水平的提高进而导致产品成本的上升。

一个地区的产业结构除主导专门化部门之外还必须有下列部门。

（1）辅助部门。指为主导专门化部门提供生产配套服务的部门，如为主导专门化部门提供原材料、燃料、动力、零部件、机器设备等产前服务的配套协作部门；为主导专门化部门的主副产品进行深加工的配套协作部门（对主导专门化部门的下脚料进行深加工）；与主导专门化部门在劳动力使用上互补的部门（如矿山用男工多，纺织用女工多等）。

（2）自给部门。为地区消费服务的自给部门的规模要适中，不求全，许多消费品应通过市场与外区交换。

（3）基础设施部门。即为生产服务的交通运输、通信、供电、供水、供气、银行、教育、卫生、科研等部门，是发展本地区经济必不可少的部门。

以上各部门要比例协调，从而形成地区的合理经济体系。

（五）区域产业结构优化升级的导向选择

区域产业结构优化升级有三种基本导向。

（1）技术导向，指区域产业结构向高技术产业方向转变，高技术产业在整个产业结构中的比重逐步提高，直至占主导地位。

（2）结构导向，指逐步建立起以主导产业为核心、自然资源开发与加工制造业协调发展的产业结构，直至加工制造业占主导地位。

（3）资源导向，指建立以自然资源开发为主，资源型产业占主导地位的产业结构。这三种导向标志着区域经济发展成熟程度的差异。一个国家各个地区经济发展的成熟程度不同，特色各异，各地区的产业结构导向的选择也会有所差别。

我国发达地区必须采取结构导向与技术导向相结合的发展模式，实行产业结构转换，也就是一方面发展物耗少、污染少、精加工、深加工、附加值高的产业，使产业结构由集约化的初级阶段（经济增长与资源消耗增长同步）向高级阶段（经济增长大于资源消耗增长）转化；另一方面，在传统技术中渗透高技术，使高技术产业与经过改造的传统技术产业相互融合、相互促进。具体来讲，可以包括利用高技术改造传统产业，发展、壮大新兴产业和高技术产业，大力发展第三产业等途径。

一般来说，不发达地区的产业结构处于资源导向型阶段，这是一个低层次的结构形式。这种资源导向型结构由于地区专门化水平低，资源优势远未能转化为商品经济优势，多种有优势的资源还处于待开发状态。从发展角度看，资源的有限性及不可替代性，开发规模的扩大及开采条件的恶化，容易导致地区发展的不稳定及地区经济效益低下。对不发达地区进行产业结构调整，首先是加强资源导向，扩大优势资源开发规模，发挥规模经济效益，同时通过资源综合开发、综合利用，有选择地发展一批加工制造业。在产业结构优化升级的过程中，需要注重综合平衡，即资源配置必须突出和保证重点，适度倾斜投向；需要注重内外兼顾，即强化区际的关联性和互补性，并提高区域经济的适应性和应变力，同时从区域的条件、需要出发，保持和发展自己的优势和特色。

第四章
产业发展战略与规划

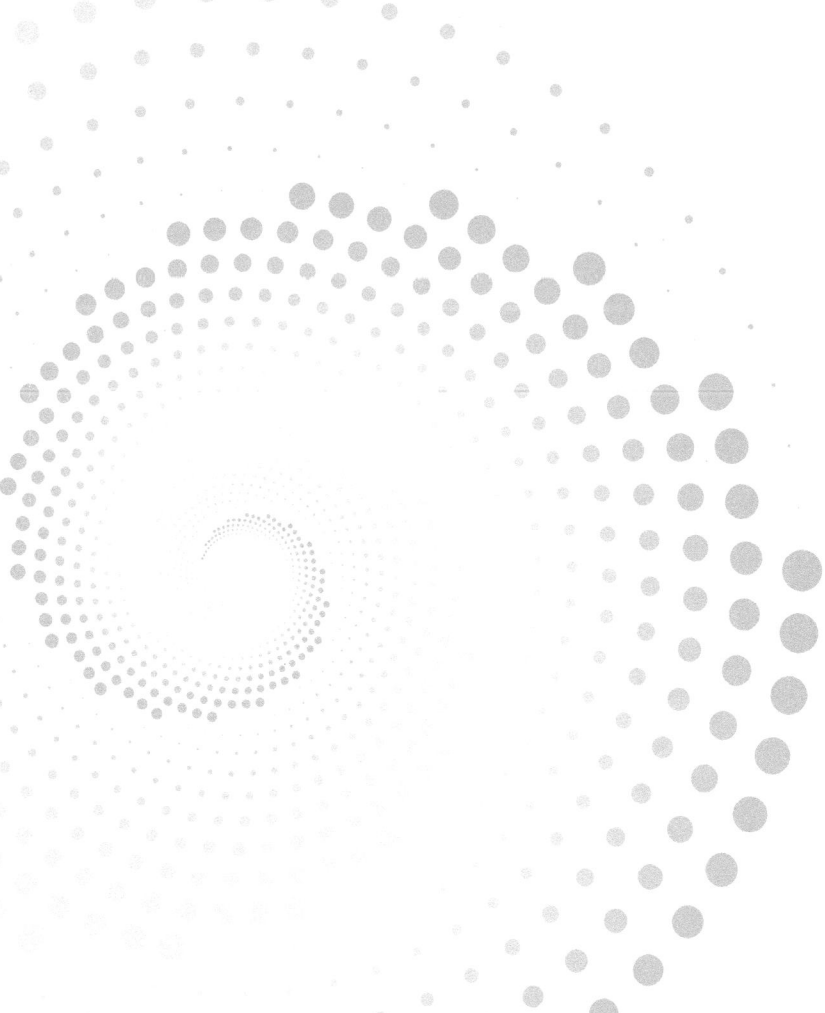

第一节　产业发展规划的概念及内容

一、规划的含义、作用与产业发展规划的概念

规划或计划是为达到某种目标，对规划对象未来发展状况的设想、谋划、部署或具体安排，二者内涵差别不大。规划的空间和图形色彩更浓一些，计划的时间和数量色彩更重一些，现在更多地使用"规划"一词。

规划与战略在内涵上有相当大的交集。与战略相比，规划更具有阶段性和细化性。任何机构或组织都可以编制规划，这里主要是指政府编制的规划。

规划是社会共同的行动纲领、政府履行职责的依据和约束社会行为的"第二准则"，在我国和其他东亚地区发展中起到的作用不容忽视。普林斯顿大学教授邹至庄曾经说过，中美两国经济众多的制度性差异中，最重要的就是中国的经济规划。规划本身具有鼓舞民众按照规划的内容完成本职工作的作用。对于中国这样一个混合经济体，经济规划尽管在许多方面都有不足，但在中国引领全球经济的过程中，它仍是利大于弊的。

产业发展规划可以理解为产业发展的战略性决策、实现产业长远发展目标的方案体系、为产业发展所制定的指导性纲领。具体来说，产业发展规划就是政府根据产业发展条件，对未来一定时间和空间范围内产业的发展方向、发展目标、结构优化和空间布局等方面及产业间持续协

调发展所做的设想、谋划、部署或具体安排。

产业发展规划的编制对国民经济和社会发展意义重大，是推进经济转型升级的重要手段，对于优化生产力布局、构建现代产业体系、提升经济综合竞争力具有重大意义。

二、产业发展规划在规划体系中的位置

经济与社会发展规划分为总体规划、主体功能区规划、专项规划（总体规划在特定领域的延伸和细化，包含特定产业的发展规划）和区域规划等。

总体规划是国民经济和社会发展的战略性、纲领性、综合性规划，是编制本级和下级专项规划、区域规划，制定有关政策，以及制订年度计划的依据，其他规划要符合总体规划的要求。

主体功能区规划是战略性、基础性、约束性的规划，也是国民经济和社会发展总体规划、区域规划、城市规划等的基本依据。[①] 主体功能区规划就是要根据不同区域的资源环境承载能力、现有开发密度和发展潜力，统筹谋划未来人口分布、经济布局、国土利用和城镇化格局，将国土空间划分为优化开发、重点开发、限制开发和禁止开发四类，确定主体功能定位，明确开发方向，控制开发强度，逐步形成人口、经济、资源环境相协调的空间开发格局。

专项规划是以国民经济和社会发展特定领域为对象编制的规划，是总体规划在特定领域的细化，也是政府指导该领域发展以及审批、核准重大项目，安排政府投资和财政支出预算，制定特定领域相关政策的依据。

---

① 于战平、刘兵、曲福玲：《区域农业发展经济学》，南开大学出版社 2023 年版，第 339 页。

区域规划是以特定区域国民经济和社会发展为对象编制的规划，是总体规划在特定区域的细化和落实。区域规划是编制区域内次一级区域总体规划、专项规划的依据。

国家总体规划、省（区、市）级总体规划和区域规划的规划期一般为5年，可以展望到10年以上。市县级总体规划和各类专项规划的规划期可根据需要确定。

编制国家级专项规划原则上限于关系国民经济和社会发展大局、需要国务院审批和核准的重大项目以及安排国家投资数额较大的领域。主要包括：农业、水利、能源、交通、通信等方面的基础设施建设，土地、水、海洋、煤炭、石油、天然气等重要资源的开发保护，生态建设、环境保护、防灾减灾，科技、教育、文化、卫生、社会保障、国防建设等公共事业和公共服务，需要政府扶持或者调控的产业，国家总体规划确定的重大战略任务和重大工程，以及法律、行政法规规定和国务院要求的其他领域。

从规划体系来看，产业发展规划隶属于专项规划，应根据总体规划的发展目标和基本要求，具体细化和落实总体规划中关于产业发展的内容。

三、产业发展规划的内容和编制程序

（一）产业发展规划的主要内容

产业发展规划的编制要点主要体现为发展环境判断得是否准确、透彻，规划理念是否前瞻、先进，发展目标确定得是否科学、可行，发展任务安排得是否合理、明确，空间布局是否充分考虑了产业发展的需要，保障措施能否有针对性地推动产业的发展。具体编制内容如下。

1. 产业发展环境分析

发展环境的判断需要深入分析国内外产业的发展现状、特点和趋势，分析研究规划区域在全球、全国、全省（市）的地位和发展空间，挖掘规划区域的地理位置、交通条件、基础设施、人才环境、技术水平、企业集群、管理体制机制等方方面面的优势，分析经济效益、国际化程度、技术先进性、国际竞争力等指标，分析规划区域的原材料来源渠道、数量，研究最终产品的销售去向和销售潜力。这些方面研究得足够深入后，才能确定本次规划的产业定位。

2. 产业发展的规划目标

确定发展目标要有先进的规划理念（全球化理念、区域化理念、可持续发展理念、以人为本理念、协调发展理念、知识经济视角和创新发展理念等），研究产业发展的指导思想、发展原则和产业定位，根据发展需要科学确定发展目标。产业发展的指导思想应具有宏观性、概括性、明确性和前瞻性，切实起到指导作用。产业定位要在深入研究产业发展环境和产业发展战略后才能慎重决定，因此，产业定位是产业发展规划的核心。到底发展什么方向、发展哪些产业、发展到什么程度、如何发展这些产业是确定产业发展定位时必须研究的内容。产业定位定准后就能顺理成章地确定发展目标，并预测各分项指标。发展目标包括产值规模、产业结构、节能降耗、出口比重、国际化水平、投资强度、产出强度、创新水平等一系列指标，这些指标既要与国家和本地区的中长期发展规划相结合，又要结合实际情况，考虑一定程度的创新和突破。

3. 产业发展的主要任务

产业发展的主要任务是落实发展目标的具体方案，涉及产业链和产业集群。规划应注重整体协调，统筹好区域内的产业发展，按照"优（优化产业结构）、新（发展新兴产业）、高（提高科技含量）、特（发挥特色优势）"的要求，促进各个产业的协调发展。

为了使编制的产业发展规划便于实施，需要规划一批建设项目。项目、产业链和产业规划分别对应点、线、面，形成立体空间体系，而项目是产业规划最基本的点，因此规划项目是产业发展规划中非常重要的一部分。确定规划项目的难点在于项目的可行性，需要分析项目的产业政策、市场空间、技术水平、原材料来源、投资，进行预期效益分析和风险分析等。在规划阶段难以详细分析各个方面的可行性，但可以大致判断项目的优劣，在规划阶段决定是否列入规划项目库。

4. 产业发展空间布局

产业发展规划需综合考虑区域的经济基础和发展潜力，从区域特有的比较优势出发，坚持高起点、高标准，因地制宜，对产业、人口、基础设施等重大布局做出合理安排。产业发展空间布局既要遵循一定的布局原理，又要服务于区域功能布局。要综合协调好第一产业、第二产业、第三产业的空间布局，以及主导产业和特色产业的空间布局。要结合港口、铁路、公路、机场等交通条件，投资强度、产出强度和周边地区的产业布局合理确定。要考虑减少物流成本、资源共享、公用工程配套设施的集中建设以及产业的规模化发展，还要考虑规划地点的环境容量。确定产业集聚区用地基本方案应将产业集聚区划分为不同类型的功能区，如产业功能区、配套服务功能区、生态功能区、预留区等。根据不同功能区的特点，提出各功能区的发展导向、建设规模及空间范围与管制要求。

5. 产业发展保障措施

保障措施一定不能泛泛而谈，要有针对性。首先，政府应出台一系列针对性强的产业扶持政策。在税收优惠方面，给予符合产业发展方向的企业一定期限的税收减免，降低企业运营成本，增强其市场竞争力；设立专项产业发展基金，用于支持企业技术研发、设备更新以及人才培养等关键环节；简化行政审批流程，提高办事效率，为企业营造良好的营商环境。其次，政府应制定完善的人才引进政策，通过提供优厚待遇、良好发展空间和舒适生活环境，吸引国内外高端人才投身产业发展；与高校、科研机构建立紧密合作关系，鼓励校企联合培养专业人才，确保人才供给与产业需求紧密对接；注重本地人才的培养与提升，开展各类职业技能培训，提高劳动力素质。再次，引导金融机构加大对产业的信贷支持力度，创新金融产品与服务，如推出知识产权质押贷款、供应链金融等，解决企业融资难题；积极推动产业与资本市场对接，鼓励企业通过上市、发行债券等方式拓宽融资渠道，为产业发展提供充足的资金保障。最后，定期对产业发展情况进行跟踪分析，及时发现问题并调整策略；通过科学合理的评估，确保产业发展沿着既定规划稳步推进，实现产业的可持续发展。

（二）产业发展规划的编制程序

1. 准备阶段

（1）明确工作任务。产业发展规划体现了规划委托方（一般是政府相关部门）对产业发展的迫切要求和良好愿景。作为规划的受托方，有必要在规划项目启动前与委托方进行充分的交流与沟通，深入了解委托方的产业发展意图，制定出相应的产业发展规划编制大纲，明确任务和要求并提交给委托方。

（2）组织工作团队。产业发展规划的编制需要建立一个跨学科、多层次的规划编制团队，其中既要具有深厚理论素养和充分实践经验的专家和研究骨干人员，还要有区域政府相关决策人员。团队由规划办公室和课题组两大机构组成。规划办公室负责协调规划工作的日常事务；课题组作为课题总体研制、总体工作程序构造和通盘技术方法设计的权威机构，主要负责规划报告编制工作，成员应涉及区域经济、产业经济、城市规划、公共管理、环境经济、循环经济等领域的研究人员。

此外，委托方有必要成立产业发展规划领导小组，包括政府主管领导和部门决策人员，是规划班子的最高机构，负责决策、协调和指挥，确保产业发展规划的编制能够得到当地各部门的大力配合和支持。

（3）制订工作计划。包括确定规划的空间范围、时间范围，熟悉规划区域情况，编制规划任务合同书和经费预算，编写规划提纲和调研提纲，落实物资与资金准备及工作技术设备，组织区内外专家对规划区域做感性认识工作等。领导部门决策者应畅谈他们在任职期间的打算，把制订规划的要求、目的、动机、需要提供的数据资料等都向规划人员和专家讲清楚，把"底牌"亮给专家。各部门行业负责人、业务骨干和各企事业单位负责人应说明本系统（本行业、企业）未来发展的前景。规划专家听取汇报后，一定要吃透决策者的意图，深入掌握基础情况。要为科学制订规划负责，不能"唯上"。决策者、规划者与群众三方的密切协作是制订好规划的重要保证。

2. 编制阶段

（1）前期资料收集。前期资料收集包括以下两种方式。一是产业规划具体工作小组自行收集。小组成员通过网络检索、数据收集、参阅相关著作和论文以及政府文件等手段尽可能做好资料收集及整理工作。二是工作小组通过委托方收集一些内部资料及相关政策文件，具体包括：自然资源类，人口与生态环境类，国民经济各行业经济技术指标类，部门结构、产品结构与空间结构类，基础设施类等区域内部要素；区域位置与相邻区域的比较，区域发展实力与相邻区域的比较，主要协作行业，外资与外向型经济发展状况，横向经济技术联合，国家指令性指标及上一级的计划安排等区域外部要素。调查资料来源一部分取自各地农业区划报告、资源调查报告、国土资源报告、历年统计年鉴、以往的规划文件、工业普查与人口普查报告、各局及工业园区年报及五年规划、各局及工业园区专题论证及年度工作总结、文史资料、档案资料等；另一部分资料必须通过深入基层召开专题论证会议、各行业专家干部讨论会议、战略研究会议，或者采用抽样调查法、问卷调查法、德尔菲法等途径获得。

实际上，资料收集工作贯穿于产业发展规划编制的各个阶段，对资料的前期收集是非常有必要的，但随着规划的进行，又会产生更多的资料需求，因此，资料的收集必须在规划编制过程中不断补充和完善。

（2）实地调研。在实地调研开始前，一般要在整理前期资料的基础上，拟定调研提纲，列出调研问题，提出要调研的部门和企业；提交委托方，并请他们做好前期筹备工作。

实地调研环节主要采用现场考察、召开座谈会、深度访谈、问卷调查等方法对政府部门、工业园区、重点企业和相关人群进行调研访谈。

对政府部门的实地调研一般针对与产业发展相关的职能部门，如经济和信息化委员会（以下简称经信委）、城市建设管理局（以下简称城建局）、规划局、商务局、统计局、科技局、海关、旅游局、招商局、相关园区等进行，应尽快摸清当地产业发展的实情，倾听他们对相关区域和产业发展的问题分析和建议。

（3）研讨沟通。产业发展规划工作小组通过与专家、委托方进行研讨沟通，举办研讨会，以领会委托方意图，并集思广益，确保规划方案具有科学性、权威性、可操作性和创新性。这一阶段是规划的重中之重，是决策者经验、智慧、认识、判断最活跃的时段，必须广泛发动群众、专家，做到群策群力，知识组装，智力放大，数次磨合，多层面、多方位提出可供选择的规划方案。可以采取以下方法：一是召开全区域甚至更大范围的区域发展战略研讨会；二是采取"请进来"的办法，邀请上级部门和专家学者促膝恳谈；三是采取"走出去"的办法，开展大范围、多渠道、广角度的战略咨询活动。

（4）方案编制。通过充分的资料收集、实地调研、研讨沟通后，开始具体进入产业发展规划方案的编制阶段了。一是对信息进行综合整理、分析和归纳。二是针对产业发展的全局性和关键性问题，明确产业发展的理念、指导思想、发展原则和产业定位，根据发展需要科学确定发展目标。三是在区域资源环境、社会环境、发展背景、未来发展趋势分析的基础上，提出产业发展的主要任务、空间布局、重点项目和保障措施。四是在规划方案初稿形成后，通过工作协调会、项目研讨会等方式征求各方意见，充分吸收合理化建议，并与区域发展总体规划和其他专项规划相衔接，进行规划方案的修正与完善，最终完成产业发展规划的编制，并将规划成果打印汇编成册，作为评审和实施规划的依据。

3. 评审阶段

（1）规划方案评审与报批。项目评审一般以召开评审会议的形式进行，由项目委托方召集、聘请产业领域的专家和上级部门专家，一般是5位，成立评审专家组，对项目进行评审。如果评审没有通过，规划编制小组则需要对规划方案进行整体性修改，然后重新进行评审。如果评审通过，规划编制小组则根据评审专家组的意见对方案进行修改完善，提交产业发展规划终稿，同时提交规划简版稿，由委托方向规划上级主管机构或政府权力部门报批，或提交相关人民代表大会审议，待相关部门通过审批后，形成具有权威性的实施文件。

（2）规划的发布与实施。编制产业发展规划的最终目的在于实施、实现规划目标。产业发展规划通过合适的途径和方式向全社会公布，重点展示规划区域的功能定位、产业选择、产业发展引导、产业空间布局及保障政策等内容。在实施过程中，要使规划部门与实施部门、外地专家与地方领导和业务骨干之间继续保持密切合作关系,并接受社会公众的监督,及时反馈规划实施中存在的主要问题,并及时提出解决问题的对策措施。

第二节 产业发展规划分析方法与工具

一、规划分析方法

(一)归纳分析法

对相关资料、座谈研讨、实地调研中的内容信息进行系统分析,采取确立框架、提出假设、讨论评价、量化预测、归纳总结的步骤与方式完成规划编制工作。

(二)专家咨询法

在规划编制中咨询专家意见,为产业发展策略的制定提供参考;邀请专家对产业规划初稿提出修改和评审意见。专家的选择是该方法的重点,需邀请从事相关产业管理、研究、组织工作的相关人员,以及相关企业的专业技术与管理人员,专家的年龄、地区、专业、经验、观点等方面应具有代表性。

(三)实地调研法

在产业规划编制过程中,需在政府相关部门和行业协会的支持下开展实地调研。调研需提出调研提纲,对需要了解的问题开展针对性的调研、座谈等,对调研结果进行分析评价,剔除无效信息,对有效信息进行分析归纳。

（四）模型分析法

产业的内涵与外延内容丰富，影响要素与自身结构复杂，产业关联与波及效果明显，在规划研究中，需要开展产业发展环境分析、产业评估、产业结构与发展效益预测等定量模型分析，具体模型工具详见环境分析工具。

二、环境分析工具

产业规划编制的过程中，可以应用的环境分析工具主要包括PEST分析法、钻石模型、SWOT分析法。这些工具重点突出了对产业发展的影响因素分析，以便有针对性地提出产业发展策略。

（一）PEST分析法

PEST分析是指对组织所处宏观环境的分析。分析宏观环境因素时，不同行业和企业根据自身特点和经营需要，分析的具体内容会有差异，但一般都应对政治、经济、社会和技术这四大类影响产业发展的主要外部环境因素进行分析，简称PEST分析法。

1.PEST分析的具体内容

（1）政治环境因素（political factors）。政治环境包括一个国家的社会制度，执政党的性质，政府的方针、政策、法令等。不同的国家有着不同的社会性质，不同的社会制度对产业活动有着不同的限制和要求。

（2）经济环境因素（economic factors）。经济环境主要包括宏观和微观两个方面的内容。宏观经济环境主要指一个国家的人口数量及其增长趋势、国民收入、国内生产总值及其变化情况以及通过这些指标反映的国民经济发展水平和发展速度。微观经济环境主要指规划区域消费者的收入水平、消费偏好、储蓄情况、就业程度等因素。

（3）社会文化环境因素（sociocultural factors）。社会文化环境包括一个国家或地区的居民教育程度和文化水平、宗教信仰、风俗习惯、价值观念、审美观点等。

（4）技术环境因素（technological factors）。技术环境除了要考察与产业发展直接相关的技术手段的发展变化外，还应及时了解：①国家对科技开发的投资和支持重点；②该领域的技术发展动态和研究开发费用总额；③技术转移和技术商品化速度；④专利及其保护情况等。

2.PEST环境分析模型在产业规划中的应用

PEST环境分析模型虽然最初是针对企业战略提出来的，但是其思维方法可以应用到产业分析和规划研究之中，从而对产业规划发展环境有一个直观的了解和估量，有利于产业发展策略顺势而为。下面是广西北部湾经济区物流产业集群PEST分析。

（1）政治环境因素。广西北部湾经济区建设是国家战略，广西北部湾经济区是西部大开发的重点扶持区域。《广西北部湾经济区发展规划》《广西物流业调整和振兴规划》《广西北部湾港总体规划》等提出，广西北部湾经济区要推进现代化综合交通运输体系建设和出海出边国际大通道建设，促使物流产业集聚，打造中国—东盟开放合作的重要物流基地及物流产业集群。

（2）经济环境因素。广西北部湾经济区经济增长迅速，近年来平均增速在16%左右，国内生产总值（GDP）增速连续5年远远高于广西其他地区；2011年经济总量为3862.33亿元，生产总值占广西的比重由2010年的31.8%提高到历史性的33%。《国务院关于进一步促进广西经济社会发展的若干意见》明确提出，广西北部湾经济区要充分利用沿海港口优势，积极引进国内外大企业，重点发展石油化工、钢铁、林浆纸、修造船、电子信息、粮油加工、新能源等产业，培育壮大临港产业集群，加快形成临海先进制造业基地和现代物流基地，因而广西北部湾物流产业集群具有良好的经济基础。

（3）社会文化环境因素。广西北部湾经济区加大教育力度，全面提高公民素质；加快建设科技创新型人才队伍，实施"八桂学者""人才小高地"等培养工程，培养和引进一批广西北部湾经济区经济社会发展急需的拔尖人才和领军人才，建立完善的人才储备制度，加大人力资源开发投入。北部湾经济区能够提供发展和建设物流产业集群所需要的优秀人才及良好的社会环境。

（4）技术环境因素。物流技术的进步和应用直接影响物流产业集群的发展和建设。广西北部湾经济区运输工具朝着多样化、高速化、大型化和专用化方向发展，并且对绿色物流要求严格。与此同时，库存技术、装卸技术、包装技术以及物流信息技术发展迅速，可以为物流产业集群提供技术基础。

（二）钻石模型

1. 钻石模型概述

早在20世纪90年代初，著名产业竞争力研究专家、美国哈佛大学工商管理学院迈克尔·波特教授对许多国家的产业国际竞争力进行研究后，以产业结构"五力竞争"模型为基础，逐步形成了适应经济全球化环境的产业国际竞争力分析框架和方法，即钻石模型。

2. 钻石模型在区域产业规划中的应用

钻石模型用来分析产业的竞争力，是从中观层次来分析产业的发展环境或条件，对产业规划的借鉴意义很大。一方面，在确定是否发展一个产业的时候，除了考虑要素禀赋，需求条件，支持性产业和相关性产业，企业策略、市场结构与同业竞争四个主要因素之外，还要关注机会和政府两个层面的因素。综合考虑钻石模型中的这些因素，可以全面、系统地思考哪些产业在本地区发展是具有竞争力的。另一方面，在新的经济环境下进行产业选择，不能仅依靠现有的资源和条件，而是应该大胆想象，把视野扩大到世界范围，借鉴先进的产业发展理念和技术，谋划出科学、先进的产业。例如，徐成里采用波特的钻石模型对福建会展业的竞争力进行了分析，构建了福建会展业竞争力指标体系，见表4-1。

表4-1 基于钻石模型的福建会展业竞争力指标体系

因素	各因素涉及的指标
要素禀赋	经济综合水平、区位、基础设施、人才资源、自然环境、人文环境
需求条件	国内需求、国外需求
支持性产业和相关性产业	交通运输、信息通信、宾馆餐饮、广告业、旅游业
企业策略、市场结构与同业竞争	会展场馆及配套设施、会展企业规模与战略
政府	会展体制、会展政策
机会	政府的重大决策、市场需求的剧增

（三）SWOT分析法

1.SWOT分析法概述

SWOT分析法（也称TOWS分析法、道斯矩阵）即态势分析法，20世纪80年代初由美国旧金山大学的管理学教授海因茨·韦里克（Heinz Weihrich）提出，原本用于企业战略制定和竞争对手分析，包括分析企业的优势（strengths）、劣势（weaknesses）、机遇（opportunities）和威胁（threats）。SWOT分析法实际上是对企业内外部条件各方面内容进行综合和概括，进而分析组织的优劣势、面临的机会和威胁的一种方法。SWOT分析法不断被发展和实践，逐渐成为战略分析的重要工具。

2.SWOT分析法在区域产业规划中的应用

虽然SWOT分析法最初普遍运用于企业的发展规划中，但考虑到其仅仅是一种分析工具，而且可以系统清晰地展现事物的现状特征及其发展态势，因此可将其拓展到产业发展规划中。目前在对区域产业发展的战略分析中，SWOT分析法也是常用的分析工具。例如，西班牙学者就认为，SWOT分析法是进行能源产业规划的关键技术之一。该分析方法从优势、劣势、机遇和威胁四个角度，全面展现了规划区域内产业结构自身的实力和周边环境的吸引力，可以作为研究产业发展规划的出发点。

其分析直观、使用简单，即使没有精确的数据支持和更专业化的分析工具，也可以得出有说服力的结论，为区域扬长避短、将外部机遇与区域优势相结合、规避风险与挑战、因地制宜地制定发展战略提供了坚实的分析基础。在SWOT分析法的应用中，往往需要构造SWOT分析表，将考虑的各种环境因素相互匹配加以组合，得出一系列产业未来发展的可选对策。目前，SWOT分析法在产业分析与规划中得到广泛的应用，如环保产业发展的SWOT分析、纺织产业国际竞争力研究、养老产业发展的SWOT分析、体育文化产业发展分析、文化旅游业的SWOT分析、会展物流业的SWOT分析等。

SWOT分析法比较直观易懂，没有包含太多的技术壁垒，有助于不同学科和专业背景专家之间的交流。

三、产业分析工具

区域产业的分析工具包括专业化部门分析法、投入产出分析法、产业价值链分析法、雷达图分析法等。产业分析工具针对产业发展状况进行分析，从而确定区域产业发展的重点。

（一）专业化部门分析法

1.专业化部门分析法概述

专业化部门分析法反映某一产业部门的专业化程度，以及某一区域的地位和作用等。专业化部门分析法一般采用区位商指标作为分析工具。在实际应用中，可以选择企业数量、产业总产值、产业增加值、产业销售收入、产业从业人员等分别计算，产业区位较高意味着区域内该产业是专业化生产部门，是具有优势的产业。区位商的计算公式如下：

$$Q = \frac{d_i}{\sum_{i=1}^{n} d_i} \Big/ \frac{D_i}{\sum_{i=1}^{n} D_i} \qquad (4-1)$$

式（4-1）中，Q 为某区域 i 产业对于高层次区域的区位商；d_i 为某区域 i 产业的有关指标（通常可用部门中企业数量、产业产值、产量、生产能力、就业人数等指标表示）；D_i 为高层次区域 i 部门的有关指标（与 d_i 相同的指标）；n 为某类产业的部门数量。通过计算某一区域的区位商，就可以找出该区域在全国具有一定地位的专业化部门，并根据区位商 Q 值的大小来衡量其专业化率。Q 值越大，则专业化率也越大。

2.专业化部门分析法在产业规划中的应用

在产业定位研究中，运用专业化部门分析法的区位商指标可以分析区域优势产业的状况。

（二）投入产出分析法

产业结构分析与预测的技术方法以定量分析方法为主，其中比较普遍的是投入产出分析法。该方法从宏观经济视角出发，将国民经济划分为若干不同但又相互联系的产品部门，通过编制投入产出表及数学模型，准确把握和判断某一时点的产业结构状态和不同时点间的产业结构演化态势，为规划研究人员明确不同产业部门的作用和地位提供依据。

（三）产业价值链分析法

按照迈克尔·波特（Michael E. Porter）的逻辑，一个企业要赢得和维持竞争优势，不仅取决于其内部价值链，而且取决于一个更大的价值系统（产业价值链）。企业间的这种价值链关系从价值角度称为产业价值链。一个完整的产业价值链包括原材料加工、中间产品生产、制成品组装、销售、服务等多个环节，实现供给、生产、销售、服务的功能，从而保证该产业价值链中人流、物流、信息流、资金流的畅通，进而实现互补、互动、双赢。一旦该产业价值链中的某一个环节不能及时或不能提供充足的供给，这个良性的循环就会被打破，从而导致上游企业或者下游企业不能正常运转。由于某些企业既是本产业价值链内的一个环节，也是其他产业价值链上不可或缺的环节，在以一个主导产业为核心的领域中，关联度较高的众多企业及其相关支撑机构在地理空间上就产生了企业在某一产业价值链上集聚的现象。这种集聚向上延伸到原材料和零部件及配套服务的供应商；向下延伸到产品的营销网络和顾客；横向扩张到互补产品的生产商及通过技能、技术或由共同投入人联系起来的相关企业，同时集群内还包括政府和多功能公共机构的参与。

在全球化条件下的产业价值链分析主要是对区域产业所处的全球价值链的地位进行分析，同时也分析区域产业价值链的协同效应，并深入分析产业价值链各环节展开后的利润区分布及战略控制点。

（四）雷达图分析法

雷达图可以用于反映产业竞争力一级指标的优势与弱势。每个区域画一个圆，在圆上等角度画出 5 条半径线，分别表示产业竞争力的五个要素。半径与圆弧的接点处表示该一级指标得分最高、优势最大，半径与圆心的接点处表示该一级指标得分最低、优势最小。如果一个产业的全部 5 个一级指标都是得分最高、优势最大；就把 5 条半径与圆弧的接点依次连接，组成一个圆内接正五边形，此时所围面积最大，反映该产业的竞争力总水平最强。用这种方法表示竞争力状况非常直观醒目，不但竞争力总水平的反映非常直观，而且五边形的顶点距离圆心的远近可以反映出该一级指标竞争力的优劣。

四、决策制定工具

产业规划中的决策制定工具主要包括 SCP 模型、关键成功因素法、优先举措排序法等。

（一）SCP 模型

SCP 模型提供了一个既能深入具体环节，又有系统逻辑体系的市场结构—企业行为—经济绩效的产业组织分析范式。SCP 范式的基本含义是，市场结构决定企业在市场中的行为，而企业行为反过来又影响着市场结构及市场运行在各个方面的经济绩效。SCP 模型主要分析影响产业发展（绩效）的内部因素。

在产业发展规划的具体 SCP 分析中，S（结构）指发展条件，C（行为）指发展策略和制度安排，P（绩效）指发展效果。发展条件重点分析区位条件、交通条件、人居环境、科研资源、发展空间、竞争态势 6 个方面；发展策略和制度安排重点分析体制（政府机构之间的责、权、利安排）、机制（管委会内部的运作机制）、政策（面向企业的地方性体制）、行政管理（规范政府相关部门的条例）、服务（招商、运营扶持方面的措施和效率）5 个方面；发展效果重点分析经济总量、技术创新、基础设施、产业平台、产业发展、企业集聚、创业创新、人才聚集 8 个方面。在分析的基础上制定产业发展策略。

同时，产业规划中利用 SCP 模型进行产业分析，往往从产业集中度角度分析对象，根据对象的产业集中度确定不同的产业发展策略。

（二）关键成功因素法

关键成功因素法是信息系统开发规划方法之一，1970 年由哈佛大学教授威廉·詹尼（William Zani）提出。关键成功因素法结合自身特殊能力，对应环境中重要的要求条件，以获得良好的产业发展绩效。

关键成功因素有以下七种确认方法。

（1）环境分析法。包括将要影响或正在影响产业或企业绩效的政治、经济、社会等外在环境的力量。

（2）产业结构分析法。应用波特所提出的产业结构五力分析框架，作为此项分析的基础。此架构由五个要素构成。每一个要素和要素间关系的评估都可为分析者提供客观的数据，以确认及检验产业的关键成功要素。此架构的一个优点是提供了一个很完整的分类，另一个优点就是以图形的方式找出了产业结构要素及其之间的主要关系。

（3）产业/企业专家法。向产业专家、企业专家或具有知识与经验的专家请教，除可获得专家累积的智慧外，还可获得客观数据中无法获得的信息，但因缺乏客观的数据会导致实证或验证上的困难。

（4）竞争分析法。分析产业中企业应该如何竞争，以了解产业面临的竞争环境和态势。深度的分析能够有更好的验证性，但其发展受到特定的限制。

（5）产业领导厂商分析法。对领导厂商进行分析，有助于确认关键成功因素，但对其成功的解释仍会受到限制。

（6）产业本体分析法。透过各功能的扫描，确实有助于关键成功因素的发展，但太耗费时间且数据相当有限。

（7）突发因素分析法。虽然较主观，却常能揭露一些传统客观技术无法察觉的关键成功因素，甚至可以获得一些短期的关键成功因素。

（三）优先举措排序法

在实施产业战略以及拟定实施规划的时候，一旦确定了优先发展的产业排序，便可合理地、有目的地配置有限资源，取得最大的效果。

采用产业优先举措排序法对产业进行分析需要使用一个系统的方法。产业包括多种，第一步是要明确其分类；第二步是要确定评估产业标准，一般通过两个维度，每个维度设置一些评估指标；第三步是制定每个维度各评估指标的评判标准；第四步是通过对各个产业逐一分析打分，对各产业进行优先排序。

但应该说明的是，这些工具或模型均为理论工具，只提供了基本的分析逻辑与思路，具体应用到产业发展规划中时，还需要进行必要的修正。

总之，在区域产业规划的分析工具中，可以根据实际情况采用某种或某几种工具。其中，SWOT分析是最常用的分析工具。

第五章

新媒体背景下的产业经济发展

第一节　新媒体概述

一、新媒体的含义

新媒体的含义可以大体归为两大类。第一类重点强调介质与载体的特性。例如，利用数字技术、网络技术，通过互联网、宽带局域网、无线通信网等渠道，以及计算机、手机、数字电视机等数字或智能终端，向用户提供信息和服务的传播形态，都可以作为新媒体。第二类将行业作为着眼点。例如，移动端媒体（手机和Pad）、网络媒体、交互式媒体、楼宇电视、移动产业等。

可以说，新媒体是数字化时代到来之后出现的各种媒体形态。也就是说，新媒体是建立在数字技术和网络技术等信息技术基础之上的。

二、新媒体的特征

（一）数字化与虚拟性

新媒体的发展离不开互联网的发展。也就是说，数字技术的应用推动了新媒体的发展。在一定程度上，新媒体可以被称为数字新媒体。数字化是新媒体最显著的特征。数字技术与新媒体相结合，将不同的信息进行整合和编码，然后转换为符号，进行语言系统的重组，最终呈现为计算机语言并对其进行传输和存储，从而改变了传统媒体的形式，实现了信息的高速流动。它具有扩大信息传播、丰富人们感官体验的作用。随着新媒体技术的成熟，现实世界与虚拟世界之间的界限逐渐模糊，新媒体的信息传播和交流与现实的社会行为相异，其借助信息载体的数字化和虚拟性得以实现。

新媒体的虚拟性体现为信息本身的虚拟性、传播关系的虚拟性和空间的虚拟性。新媒体的虚拟性在一定程度上对人类社会产生了一定的影响。首先，新媒体提供的虚拟空间进一步拓宽人类的生存空间，让人类生活变得更加丰富多彩。其次，虚拟的传播关系对社会道德意识产生了一定的消解作用，虚假信息的传播也会给大众带来诸多的负面影响，引发一些社会问题。

（二）碎片化与交互性

与传统媒体传播效果的大众化、全面化相比，新媒体侧重于简单、快速的信息传播方式，呈现碎片化的特征。碎片化传播是指完整的信息通过网络、手机等媒介的再编辑与传播呈现块状、零散的描述形式，导致信息、受众与媒介细分化的现象。信息源的多样化是其产生的重要原因，它使信息质量参差不齐，进而使人们获取到的信息呈现碎片化特性。新媒体改变了传统媒体，改变了受众被动地接受发送者传达的信息的特点，实现了传播者和受众之间双向的信息互动，打破了信息传播的身份限制，信息交流过程中的双方都有控制权和话语权。借助电脑、手机等移动终端，人人都可以发布信息，实现信息的即时接收、传播、反馈和互动，有利于信息传播双方甚至多方的即时理解与沟通。

（三）海量化与时效性

传统媒体在传播信息时受限于版面、时间等多种因素，信息容量非常有限。而新媒体依托数字技术，由于信息存储数字化，可存储的信息内容无限多，成就了其海量的信息以及丰富的内容。新媒体所发布的信息不受制作周期、截稿时间以及身份的限制，促进了传播效率的提升，实现了信息的随时发布、即时传输，尤其是它对一些突发事件的报道可以将"第一时间"和"第一现场"牢牢掌握，实现了信息的即时性传播。传播受众可以不受时空限制，通过网络获取自身所需要的信息。

三、新媒体的发展

互联网的高速发展不仅为人们的生活带来了深刻的变化，同时也促进了网络传媒的产生。

伴随着移动互联网的发展，新媒体逐渐渗透进了人们生活的方方面面，而且各种新兴媒体的出现颠覆了人们对媒体行业的认知。

在移动互联网时代，新媒体与传统媒体相互依存、相伴发展，但是基于移动互联网的新媒体不仅从根本上改变了新闻的报道以及传播形式，同时也为人们提供了一种更加便捷的信息获取方式。

（一）新媒体的类型

1. 网站

一般来说，门户网站就是进入互联网的一个入口，只要通过这个网站，就可以获取所有自己需要的信息，到达自己想要到达的网站。最初，门户网站只是提供搜索服务和网站目录服务，在后来的发展中，逐步拓展了各种新的业务，如电子邮件、发布新闻、在线调查、开通话题专栏、提供论坛博客等，功能越来越全面，架构也越来越复杂。如今，所有的新闻门户网站都发展成了栏目多元化的综合性网站。

按获取信息内容来分，门户网站可分为综合型门户网站和垂直型门户网站。综合型门户网站主要指能提供新闻、搜索引擎、聊天室、免费邮箱、影音资讯、电子商务、网络社区、网络游戏、免费网页等服务的网站。例如，新浪、搜狐、网易、腾讯等网站就是典型的综合型门户网站。垂直型门户网站是指专注于某一个领域的网站。

随着信息技术的发展，智能手机迅速普及，社会进入了移动互联网时代，人们更多地通过移动终端来获取信息，因此很多门户网站为了适应手机阅读，就设计了专门的手机门户网站，微网站由此出现。

微网站是源于 WebApp 和网站的融合创新，兼容 iOS、Android、WP 等各大操作系统，可以方便地与微信、微博等应用进行链接，适应移动客户端浏览市场对浏览体验与交互性能要求的新一代网站。总之，微网站更加适应移动互联网的特性，信息展现形式更加多样化，更能满足人们的碎片化阅读。

2. 博客

博客源于 Weblog，是一种以网络为载体，由个人管理、张贴新的文章内容、图片或视频的网站或在线日记，用来记录、抒发情感或分享信息，传播个人思想，带有知识集合链接的出版方式。

与论坛碎片化的话题相比，博客让个人的面目、性格更清晰可见，更容易获得大家的认可和关注阅读。

博客兴起后出现了很多博客门户网站，如"博客中国""博客大巴"等。随着博客数量的增加，博客广告市场开始发展。博客可以说是早期互联网个人网站之后的新媒体典型应用。

3. 微博

微博，即微博客，是一个基于用户社交关系的信息分享、传播及获取的平台，用户可以通过微博平台发布文字内容，并实现即时分享。随着推特等微博客的兴起，以新浪微博为代表的国内的微博客也迅速发展，吸引了大量博主加入，同时也吸引了大量普通人围观。

微博强大的影响力与其自身具有的优势密切相关，其主要表现在以下几个方面。

（1）入门简单方便。微博操作非常简便，用户可以通过计算机和手机客户端随时随地发布文字、图片和视频，更新信息。在编辑微博信息时，人们不需要离开个人首页，只要在文本框内输入文字即可。一条微博控制在 140 字以内，非常简短，编辑不会耗时，可以说，微博可以充分利用碎片化时间进行写作和阅读，这方便了很多知名人士进入微博进行微分享。

（2）互动性较强。微博有关注功能，即用户可以关注其感兴趣的人或者加为好友。关注之后，对方在微博上公开发出的所有信息都会显示在用户的个人首页上，并随着时间自动更新。用户可以选择自己所关注的信息进行转发或评论。这些转发和评论都会在页面上给原作者以提醒，而原作者又能通过提醒功能查看其他人的留言和评论，能及时回复消息或者回答问题。同样地，受众也能通过计算机、手机等利用碎片化时间即时接收传播者所发布的多媒体信息，并加以互动。

（3）具有较强的社交传播性。随着微博用户的不断增长，微博所能发挥的效用也越来越大。

4. 微信

微信支持跨通信运营商、跨操作系统平台，通过网络快速发送免费（需消耗网络流量）语音短信、视频、图片和文字，同时微信提供公众平台、朋友圈、消息推送等功能，也可以使用通过共享流媒体内容的资料和基于位置的社交插件"摇一摇""漂流瓶""朋友圈""公众平台""语音记事本"等服务插件。

5. 自媒体

新媒体出现后，媒体逐渐变成越来越多的普通人发布信息、传播信息的工具。从论坛到博客，再到微博、微信，以及短视频和直播，媒体变得越来越个性化、个人化，每个人发言的自由空间越来越大。只要个人用博客、微博、微信、视频、直播、社区等互联网平台向不特定的大多数或者特定个体传递关于自己信息的新媒体，都可能被视为自媒体。

6. 移动端媒体

随着移动终端的不断发展，移动端媒体也蓬勃发展。根据移动端媒体的发展历程，移动端媒体可分为手机报、新闻客户端、网络直播、网络主播等。

（1）手机报。手机报从手机短信发展而来，其可以推送新闻、图片、广告等内容。手机报的实质是电信增值业务彩信与传统媒体相结合的产物，是以手机作为传播新闻的载体，实现用户与资讯的零距离接触。

（2）新闻客户端。为了适应移动阅读模式，新闻门户网站纷纷推出专门的新闻门户客户端；也有推出更适应手机阅读的新闻门户媒体；有些传统媒体也抓住移动阅读机会，推出自己的移动新闻客户端。这些借助数字、移动技术，安装在移动客户机上的新闻类服务程序，我们统一称为新闻客户端产品。

新闻客户端的兴起适应了移动阅读的趋势，取代了传统看报纸的形式或从门户网站看新闻的需求，但是移动终端界面很小，所以新闻客户端也为适应这一变化做了许多重要的创新。例如：①碎片化阅读，排版适应手机载体，受众可随时随地阅读相应信息；②突出头条新闻，引入独家原创内容，围绕精准定位推送文章，抓住目标人群；③强化个性化推送，依据用户阅读习惯，智能推送用户喜欢阅读的文章；④使订阅更简单，安装方便，可以自动弹出消息提示。此外，鼓励转发社交媒体，强化交流分享属性。

（3）网络直播。随着大量资本涌入，直播平台、观众数量都呈现井喷式发展。网络直播是一群人同一时间通过网络在线观察的真人互动节目。

今天的网络直播只需要通过一部手机便能实现，大幅降低了传播门槛。通过直播，人们将自己的日常生活发布到网站上，以新鲜、奇特的内容吸引更多人的关注。而通过直播，人们能够将外部的东西附加进去，实现对产品的宣传，而感兴趣的人可以通过购买行为让直播者实现流量变现。网络直播成为现在最受热捧的一种新媒体营销方式。

网络直播具有其他新媒体方式不可比拟的优势。第一，网络直播具有非常强的实时互动性，能及时做出实时反馈。第二，企业可以通过设定直播话题让用户集中在某一特定的时间，锁定忠诚用户，使广告有特定的价值，从而获取精准用户。第三，直播不仅能够让企业看到用户的覆盖面和粉丝增长等数据，同时还可以实现用户边看边买，或配合促销活动到相应的电商平台购买，从而直接从关注实现转化，即实现产品的立即销售。第四，网络运营成本低。通过利用直播进行宣传推广，不管用户在哪里，都可以在线参与，产生实时互动，减少了沟通协调交流的成本。

（4）网络主播。网络主播指在互联网节目或活动中，负责参与一系列策划、编辑、录制、制作、观众互动等工作，并由本人担当主持工作的人或职业。网络主播是一个综合能力很强的职业，一个优秀的网络主播常常要面对线上数万、几十万甚至上百万名观众，并且实时与线上观众交流互动，优秀主播的影响力会有效辐射到产品销售上，这也是企业把优质"网红"的培养和争夺当作直播营销一个重头戏的原因。

网络视频直播最大的特点是可以让用户与现场进行实时连接，具备最真实、最直接的体验。从信息传播的角度来看，文字可以捏造，图片可以 PS，就连视频也能剪辑制作，唯独直播的真实性相对最强，主播和用户如何互动是无法提前安排的，这给用户提供了足够的想象空间和惊喜，可以吸引用户收看，而其强大的互动性也拉近了粉丝和主播之间的距离。

（二）新媒体未来的发展趋势

1. 移动社交化

移动互联网的发展为移动新媒体提供了有利的发展环境，但是同时也带来了巨大的挑战。

随着移动互联网的发展以及智能手机的不断普及，用户上网时间越来越多地被手机占据，用户可以不用再专门抽出固定的时间来浏览资讯，浏览资讯的时间呈现日益碎片化的趋势。

用户在等车、就餐、起床前、睡觉前、上洗手间等一些碎片化的时间里就可以通过各种社交平台来了解新闻资讯以及朋友的动态。因此，各种移动新媒体出现后，各平台之间围绕用户的碎片化时间展开激烈争夺。

移动新媒体的出现满足了用户随时随地获取信息的需求，同时也帮助用户有效利用了碎片化时间。对移动社交媒体来说，媒体的微信公众号已经成为广大用户获取信息以及互动的主要渠道。

移动社交媒体的崛起，让用户的社交、沟通、阅读及分享等行为都逐渐走向移动化，人们可以随时随地沟通、阅读、分享，甚至开展社交活动。各种热点资讯、新知识或者知识的分享开始越来越多地呈现在移动社交平台上。

在众多的移动社交平台中，微博、微信凭借强大的用户基础及信息传播速度快、碎片化等特点和优势，受到广大用户的欢迎，各种信息通过评论、点赞及转发分享等方式得到迅速传播。由此不仅增强了用户参与信息传播的积极性，而且也使信息传播的速度和广度以成倍的速度扩张。而且随着移动新媒体的出现，用户注意力的切换速度也在不断加快。

移动新媒体集社交关系、内容及服务于一体，为人们创造了一种新型的传媒方式。而新媒体的移动社交化方向也使得新闻资讯的获取朝着社交深化的方向不断发展，新闻信息的人口也将迅速转移到社交平台上。

2. 资讯视频化

随着移动互联网的发展，各种庞杂的信息已不能单纯靠文字及图片展示来输出，在这种形势下，视频信息展示形式应运而生。

在信息表达方面，视频拥有独特的优势，不仅可以更直观、形象地展示信息，也可以加深人们对信息的认知和记忆。利用视频这种展现形式可以更深刻地影响用户，这也就促进了移动视频的飞速发展。

移动互联网覆盖率的不断提升以及各种移动智能端的层出不穷，使得智能手机成为大多数网民上网的重要工具。用户通过智能手机利用碎片化时间就可以实现跨屏连续观看视频，因此在移动视频应用上停留的时间将会大幅提升。

移动视频的兴起也推动了移动视频付费时代的到来，对于一些聚合类的移动视频应用，用户只要付很少的会员费就可以观看热门电影。而这种会员收费制度未来将会得到更多视频用户的认可和欢迎，而会费制度也将成为未来移动视频的一大收入来源。

各种新媒体的出现和发展推动了移动新媒体时代需求的多元化发展，在丰富的移动社交需求的推动下，移动社交新媒体的传播模式将迅速发展起来，并将加速公共信息传播方式以及模式的变革。

第二节　新媒体融合对产业经济发展的影响

一、新媒体对产业经济的影响

（一）部分产业经济发展的速度变缓

部分管理者由于受到传统纸媒时代新闻媒体传播思维的影响，缺乏针对现代新媒体技术的学习研究，不能针对新媒体融合对产业经济发展提出科学有效的建议，也不能全面掌握其中的新媒体融合技术，忽视新媒体融合对产业经济发展的影响。很多传统的产业管理者在新闻传播发展理念上没有紧跟时代发展的脚步，自身的产业受到巨大的冲击，很多实体店对于新媒体技术的认知不够充分，不能全面掌握新媒体时代的各种传播途径和传播技术，缺乏对新媒体融合知识的学习，严重阻碍了部分产业经济持续发展的脚步。

（二）产业经济没有跟上时代发展的步伐

很多产业经济管理人员因为受到传统纸媒传播思想束缚，缺乏对于新媒体技术的学习认知，不能有效地了解新媒体融合的价值，没有深刻认识到未来社会中，新媒体融合将是主流的发展方向，是促进产业经济发展的重要手段。部分产业经济管理人员安于现状，不能自主学习新媒体知识和掌握新媒体技术，自身的新媒体融合水平不能取得有效的增长，最终导致产业经济没有跟上时代发展的步伐，新媒体融合对产业经济的发展难以取得实际成效。

（三）新媒体融合导致产品宣传虚假

新媒体融合对于产业经济的发展来说既是机遇也是挑战，只有不断地学习新媒体融合知识，全面掌握新媒体技术才可以有效地提升自身的专业水平，从而有力地推动产业经济的发展进步。然而受到诸多因素的影响，部分产业经济管理者一味地追求经济利益，使用新媒体融合宣传的产品出现虚假的现象，损害了自身产业的利益，同时给新媒体融合敲响了警钟。

（四）传统的产业经济缺乏创新创造能力

新媒体融合最重要的要求就是思维的创新创造，通过创新创造能力的培养可以有效地加快融合的步伐，促进产业经济的进一步发展壮大，而很多从业者思维僵化，对于新媒体融合的认识不足，不能熟练地掌握新媒体技术，导致自身缺乏创新创造活力，难以针对新媒体融合对产业经济发展提出科学有效的建议，导致传统的产业经济缺乏创新创造能力，不能在社会的进步中与时俱进。

二、促进新媒体融合对产业经济发展的有效举措

（一）打造科学有效的新媒体融合体系

新媒体的产生及发展对推广、宣传经济产品具有重要作用。充分利用新媒体传播速度快、信息内容丰富等优势，运用新媒体对产业进行宣传、推广，可以提升消费者对产品的了解程度，并可以将产品信息反馈给企业，由企业制定产品推广方案，提升企业产品经济效益，从而有效促进产业经济的持续发展。现阶段，在重视、推动产业经济发展的同时，推动媒体行业的进步革新，充分锻炼从业者的专业能力，新媒体的融合可以有效地增强产业经济的多样性，在满足当今时代新媒体行业的发展要求的同时推动产业经济与时俱进，取得历史性突破。

（二）提升产业经济管理者的新媒体融合意识

产业经济管理者作为产业经济发展的重要角色，决定着新媒体融合对产业经济发展的影响效果，是二者互补共赢发展能否取得成效的关键性因素，提升产业经济管理者的新媒体融合意识，鼓励从业者多学习，多思考，积极主动地找出新媒体融合发展的优势，增强新媒体融合对产业经济发展的研究，针对其中的不足之处进行完善，充分发挥新媒体的优势，将传统纸媒的优势和新媒体进行全方位的融合促进产业经济始终取得持续性发展。

（三）增强传统产业的品牌传播能力

鼓励传统产业从业人员加强对于新媒体知识的学习，同时花费时间和精力掌握新媒体技术，开展各种新媒体工具的培训活动，加强对于新媒体技术的实践应用。很多生产制造类企业的产品刚生产或研发出来时，消费者对其产品并不了解，因而购买者较少，为保证产品可迅速推

广、提升消费者对产品的认知程度，需要借助新媒体传播产品信息、产品价值等内容，建立知名的品牌战略。由此可见，新媒体可以增强传统产业的品牌传播能力，对推动产业经济发展具有重要意义。

（四）促使产业经济发展模式的创新

我国目前的发展是以经济建设为中心，因此，经济的健康发展十分重要，产业经济的可持续发展是我们关心的重难点内容。充分利用新媒体手段促使产业经济发展模式的创新推动产业经济发展，满足我国发展战略的要求。研究新媒体融合对产业经济发展的影响时，应详细研究产业经济发展模式与新媒体垂直化发展模式，应利用信息技术建立信息共享平台，保证消费者可及时了解产业经济发展趋势及产业产品信息，将信息传播与新媒体融合在一起，保证消费者及时、准确获得所需产品信息，从而推动企业健康发展，促进产业经济在创新中取得历史性的突破。

（五）全面激发产业经济的发展活力

新媒体融合对产业经济发展具有全方位的推动作用，相关人员通过对新媒体知识的学习可以有效地掌握其中的优点，加强对新媒体技术学习能够帮助自己把握时代发展的方向，培养自身创新创造的意识，全面激发产业经济的发展活力，从业者通过仔细地观察生活中的各种新闻素材积累产品宣传的新理念，提升自身的专业素养，花费时间和精力学习掌握新媒体知识和新媒体技术，在不断地实践应用中激发自身的创新创造活力，根据时代发展要求提出创新性的新媒体融合理念，在实践的验证下不断地完善新媒体融合体系，促进新媒体融合发展切实取得有效的成果，从而推动产业经济的持续发展进步。

当今时代，纸媒的发展已经远远落后于时代的进步，面临着新媒体的冲击，产业经济的发展需要紧紧地依托新媒体融合技术，推动产业经济发展的与时俱进。产业经济发展对社会经济、国家发展具有重要影响，可以很好地推动我国经济稳定发展、提高我国的综合竞争力。随着信息技术、互联网技术的发展，新媒体技术面世后得到迅速推广及发展，且新媒体的发展对推动产业经济发展具有一定效果，我国应提升对新媒体发展的重视程度，积极研究新媒体融合技术，形成新型产业经济发展方式，推动新媒体、产业经济共同发展，进而实现推动我国社会经济稳定发展的目标。

第三节　产业经济与新媒体融合发展模式探究

一、产业经济与新媒体的联系

在全球化的经济发展中，我国的经济总量呈现出前所未有的经济总量和经济载体。而新媒体则是信息技术发展过程中的一个产物，它对于媒体形态的变革以及信息的传播都有着很大的影响。在产业经济发展中媒体的宣传有着很大的商业价值，产业也明白新媒体在提升宣传力度、扩大知晓率方面的重要作用。所以产业经济和新媒体之间的联系是很明确的，通过新媒体的影响力能够让产业经济得到发展，可以全面提升我国的产业经济发展质量。新媒体的存在不可能与经济发展相分离，只有在产业经济发展态势良好的情况下才能让新媒体得以发挥综合作用。通过产业经济与新媒体二者的不断发展与融合，我国产业经济的现代化发展才会更加明朗。

二、产业经济与新媒体融合的重要性

（一）有利于产业经济突破发展瓶颈

产业经济是微观经济与宏观经济的集合，在发展的过程中难免会出现发展困境。随着经济全球化的加深，我国的产业经济如何面向全球更好地发展成为很多产业面临的问题，这一问题直接影响产业经济总体能否得到良好发展。将产业经济与新媒体融合发展，可以通过全新的媒介将产业信息带到世界各地，将各个产业之间的信息实现共享的效果。产业经济与新媒体融合发展能够让我国的产业经济突破发展的瓶颈，可以第一时间发布产品和产业的动态，产业经济便由此得到广泛的市场推广。

（二）有利于整个国民经济的不断发展

我国的国民经济是各行各业经济的总和，产业经济在国民经济中占有极其重要的地位，这对我国的经济来说有着很大影响。通过产业经济与新媒体的融合发展，能够使得国民经济的战略目标得以实现。新媒体通过信息传播的力量让各类产业经济得以拓展市场知晓率，从而提高整个国内外市场的占有率，让消费者对各类产业经济细致化地了解，促进国民经济不断发展。而且新媒体能够为产业经济发展提供更加高效快速的信息，保持市场信息的畅通。这样就奠定了良好的消费者基础，发展了全新的互联网产业经济，从而让我国的产业经济在市场中具有活力，国民经济也更具发展动力。

三、产业经济与新媒体融合发展模式分析

（一）融合发展模式可行性分析

通过以上的分析可知，产业经济与新媒体融合发展意义重大，而两

者之间的融合发展是否具有现实可行性也值得思考。一方面，从产业经济本身来说是需要新媒体不断进行推广，构建起一个全新的产业推广模式，也需要新媒体将产业中的品牌、理念、价值进行宣传。在这种情况下新媒体发挥着信息共享的传播作用，而产业经济的发展能够让新媒体技术的价值得以实现，二者的融合发展其实是互惠共赢的模式。另一方面，大众对于新媒体传播形式的要求，产业经济主要的服务是基于消费者而言，而消费者在接触新媒体的过程中必然会要求产业经济基于新媒体的方式进行发展。在大众传播的形式下，产业经济必须与新媒体融合发展来适应大众对于产业的信息需求。同时国家的产业结构调整推动了产业经济与新媒体的融合更加具有可行性。我国产业结构的调整与升级已经成为必然，国家鼓励传统的产业经济与信息技术相结合，不断创新相关产业信息的传播方式，国家的政策向产业经济与新媒体靠拢，为二者融合发展创造了更多机会。

（二）融合发展模式的层次分析

如何构建起产业经济与新媒体融合发展模式和建立起怎样的发展模式，这两个方面对国家产业经济的调整都有着很大影响。产业经济是一个完整的体系，是由微观的经济体和相关事业单位组成的产业所构成。所以在对产业经济与新媒体融合发展模式进行分析时，需要分为不同的层次和产业结构来探讨。

首先，对于产业经济来说制造业占有很大的比例，这也是我国经济中的重要组成部分。将制造业与新媒体紧密融合，可以推动我国的制造业在全球范围的流动，通过推广打开全球市场的知名度。另外，制造业也就是实体经济，新媒体对实体经济的推动力相当强，只有带动实体经济的发展才能为整个产业经济奠定基础。

其次，对于产业经济中的服务业、教育、旅游业等与新媒体的融合发展，这些行业都与服务相关。将新媒体与这些产业结合，能够让教育实现资源共享等多种作用，推动相关产业的进一步发展。

最后，微观经济体如小微企业和新兴产业之间的融合，通过新媒体的产品能够被市场接受和认可，可以激发小微企业和新兴产业的市场活力。通过对产业经济的结构进行分层式的新媒体融合，更加有利于新媒体的合理化推广。

面对新媒体不断发展的态势，产业经济与其融合发展已经成为一种必然趋势。在产业经济和新媒体融合之间存在相互的作用和影响，二者的融合对国家的经济发展都有着推动性作用。新媒体的出现是信息产业发展的产物，而整个产业经济与信息产业同属于一个整体，大众和国家层面都需要产业经济和新媒体融合发展，以此推动国民经济发展。为了让二者的融合发展模式更加具体，在实际的融合过程中要根据产业经济的具体产业结构分层进行。

第六章
网络经济条件下的产业经济发展

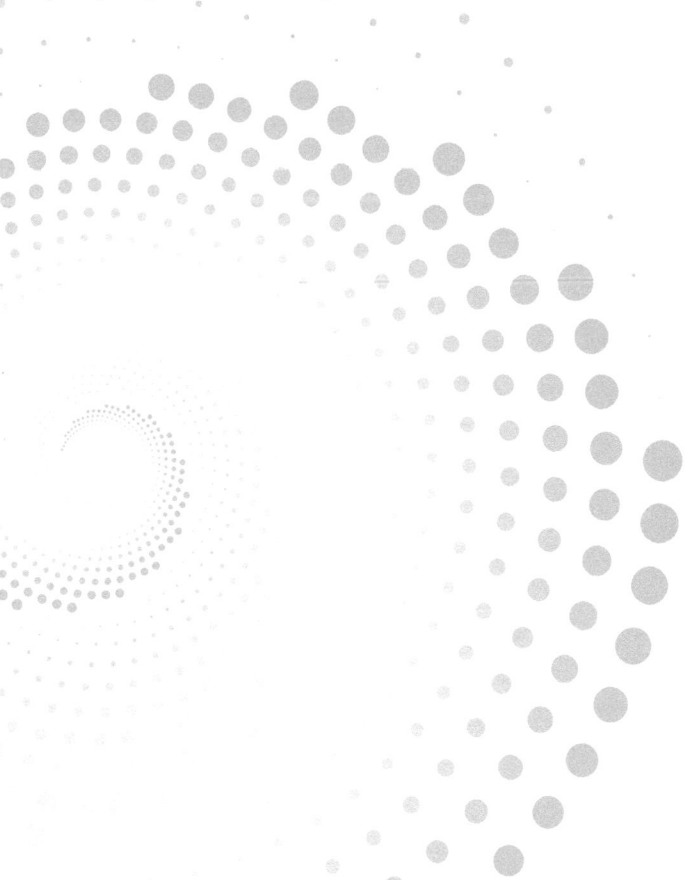

20世纪90年代以来,网络经济的发展极大地改变了企业的运营策略、商业模式和竞争环境,从而导致产业组织发生许多新的变化。

第一节　网络经济的含义、特征及运行规律

一、网络经济的含义

对于网络经济这一概念,目前尚无统一的定义。对网络经济的内涵,可以从狭义和广义两个角度来理解。狭义的网络经济是指以信息网络(主要是因特网,但不限于因特网,还包括物联网等其他信息网络)为基础或平台的、信息技术与信息资源的应用为特征的、信息与知识起重大作用的经济活动,如搜索引擎、电子商务、网络社交等各类经济活动。广义的网络经济是指一切具备网络外部性特征的行业中的经济活动,所涉及的除信息网络产业外,还包括传统行业中的银行卡网络、快递网络等。

对网络经济还可以从微观、中观和宏观三个层次来理解。从微观层次看,网络经济就是新兴的网络企业、网络市场,也包括居民的网络投资、网络消费等微观经济活动。

从中观层次看,网络经济是指发展到互联网阶段的信息产业,也称网络产业,既包括网络贸易、网络银行、网络企业及其他商务性网络活动,又包括网络基础设施、网络设备和产品及各种网络服务的生产和提供等经济活动。在该层次,网络经济可细分为互联网的基础设施层、应用基础层、中间服务层、商务应用层四个层次。

从宏观层次看,它是一种与游牧经济、农业经济和工业经济相并列

的新经济形态，与以往经济形态根本不同的是，它以数字化技术、网络化技术、智能化技术等传统信息技术和新一代信息技术作为基本生产工具，并使信息、数据、知识成为与物质、能量等相并列甚至更为重要的生产要素。与此同时，网络，尤其是智能化信息网络将成为人类最重要的生产工具，是一种全新的生产力。

网络经济的以上三个层次是相互联系、相互影响的。在网络经济基础上，随着人工智能技术的快速发展和广泛应用，网络经济将进一步发展为智能经济。①

二、网络经济的主要特征

（一）即时性

即时性是指信息传递可在瞬间完成。借助于现代信息技术，单位时间内传输的信息急剧扩大，信息传递时间上的差距进一步缩小。今天，比人的头发丝还细的标准光纤，一秒钟可以传输相当于超过九万卷大百科全书的信息。即时性使网络经济呈现出一种速度经济形态，大量交易通过互联网转瞬即可完成。

（二）虚拟性

在网络经济中，传统的空间概念发生变化，出现了有别于实际地理空间的虚拟空间或虚拟社会。处于世界任何角落的个体，通过互联网紧密联系在一起，通过建立虚拟社区、虚拟公司、虚拟政府、虚拟商场、虚拟大学或虚拟研究机构等，可达到共享信息、共享资源、完成线上交易等活动。虚拟性使网络经济得以在网上网下虚实结合，使经济主体的行为在很大程度上摆脱了空间因素的限制，并有力促进了全球产业分工

---

① 梁志成：《试析网络经济的产业组织特征》，《对外经贸》2022年第12期，第43—45、62页。

和经济全球化发展。

（三）交互性

所谓交互性，是指建立在现代信息技术基础之上的、经济行为人之间的互动式经济联系。在网络经济中，经济行为人通过企业内部网络、共享的外部网络或公用互联网联系在一起。电信技术、互联网和移动互联网技术的发展应用，使得任何人可在任何时间、任何地点，与任何企业、个人或网络站点实现互联，以获取自己所需要的有用信息和产品，完成相应业务。交互性使经济活动呈现出更加复杂的交易关系，企业与消费者之间、企业相互之间的关系变得更加复杂和多样化，从而深刻影响着现代经济运行形态。

三、网络经济的主要运行规律

网络经济是一种从根本上有别于工业经济的新的经济运行方式。如果说工业经济时代以机器的使用为中心，那么在网络经济时代，以互联网为代表的信息网络的使用成为中心；如果说物质、能源是农业社会、工业社会的核心资源，那么数据、信息、知识则成为网络经济时代最重要和最为核心的资源，它们具有许多不同于物质、能量的独特性质和作用形式。另外，信息网络作为一个特殊的信息传输系统具有特殊的功能，信息产品也具有不同于传统物质产品的新的特征，这一切都导致网络经济出现许多新的运行规则和规律。

（一）网络外部性

自从卡尔·夏皮罗（Carl Shapiro）、迈克尔·卡兹（Michael Katz）等在网络外部性研究方面做出开拓性的工作后，网络外部性成为网络经济研究的重要内容。当某一产品对一用户的价值随着采用相同产品或可兼容产品的用户增加而增加时，就会出现网络外部性，也就是说，由于用户数量的增加，原来的用户免费得到了产品中所蕴含的新增价值而无须为这一部分价值提供相应的补偿。效用的增加是因为用户数目的增加而导致更多的互补产品供给而实现的。可以把网络外部性理解为网络规模扩大过程中的一种规模经济，只是这种规模经济与产生于供给方面的传统规模经济是不同的，它产生于市场的需求方面，因此也被称为需求方规模经济。

对网络外部性可以用梅特卡夫法则（Metcalfe's Law）加以描述。该法则认为，网络价值是以用户数量的平方的速度增长的。如果一个网络中有 n 个人，那么网络对每个人的价值与网络中其他人的数量成正比，这样网络对所有人的总价值与 $n(n-1) = n^2 - n$ 成正比。如果一个网络对网络中每个人的价值为 1 美元，那么规模为 10 倍的网络的总价值大约就等于 100 美元。相比之下，规模为 100 倍的网络的总价值大约就是 10000 美元，也就是说网络规模扩大 10 倍，其总价值就增长 100 倍。

夏皮罗、卡兹将网络外部性分为两种。一种是"直接网络外部性"，即"随着消费相同产品的市场主体的数量的增加，产品价值也因此增加"[1]。典型例子是通信网络，如电话、E-mail、传真等。另一种是"间接网络外部性"，即"随着某一产品使用者数量的增加，该产品的互补品数量增多，价格下降而带来的价值"[2]。典型的例子是网络购物平台。当网络购物平台上的卖家增多时，卖家并不会因此而获益，但这会吸引更多的买家，而随着买家数量的增加，卖家的收益就会提高。可见，间接网络外部性的关键在于产品或服务之间的强烈互补性，在网络购物平台这个案例中，即表现为网络平台向卖家提供的销售渠道服务和向买家提供的购买渠道服务。一般情况下，直接网络外部性和间接网络外部性

---

[1] 马晓飞：《互联网经济学》，北京邮电大学出版社 2023 年版，第 37 页。
[2] 同上。

是同时并存的,如互联网的发展、网站的发展和网站的建设。连接到互联网的用户越多,互联网的价值越大,老用户得到的额外价值也越高,这是直接网络外部性。同时,连接到互联网上的用户增多时,由于互联网价值的增大,会有更多的人到网上建设新的网站,提高网站的质量,降低使用的价格。这样,互联网用户在这一过程中实际上也得到了新的价值。这就是间接的网络外部性,在这里互联网和网站就成为互补品。

(二)边际收益递增

边际收益递减是工业经济条件下物质产品生产过程中存在的普遍规律,但在网络经济条件下,这一规律已不再适用,而是呈现出边际收益递增,其主要原因有以下三个方面。

1.网络经济条件下的平均成本随着网络规模的扩大而呈递减趋势

信息或网络产品分为硬件类产品和软件类产品。其中硬件类产品与传统产品较为相似,所以只需分析软件类产品。软件类产品的生产与传统产品极为不同。作为一种知识性产品,软件的生产要求有非常高的初始投入;不过一旦第一个单位的产品研制成功,以后各单位产品的生产只不过是对第一单位产品的简单复制而已,因此,信息网络的平均成本随着入网人数的增加而明显递减,其边际成本则随之缓慢递减。

2.网络经济中存在较强的学习效应,学习效应也称为"干中学"或"用中学"

学习效应所实现的收益递增主要来自两个方面:一是来自工作中经验的积累;二是来自信息知识的累积增值和传递效应。在信息经济条件下,信息知识不仅作为投入要素被更有效地使用,而且在使用过程中,还可产生作为附加产品的新的信息和知识,它们可以被再次作为投入来开发新的产品或改进现有产品,从而产生新的收益。正如肯尼斯·J.阿罗所指出的,"信息的使用会带来不断增加的报酬"。他还举例说明,一条技术信息能够以任意的规模在生产中加以运用,也就是在信息和知识成本几乎没有增加的情况下,信息知识使用规模的不断扩大,可以带来不断增加的收益,这种传递效应可以使网络经济呈现边际收益递增的趋势。

3. 网络经济中的消费行为具有显著的连带外部正效应,即网络效应,从而导致边际收益递增

由于具有网络外部性的产品,其价值随用户数量的上升而不断增加,企业也可以就此收取更高的价格,因此,新销售的产品和服务给企业带来的边际收益会不断提高。而且当原有用户对产品或服务进行更新时,企业也可以因新用户带来的网络规模增加而获得更高的边际收益。

（三）正反馈与需求方规模经济

正反馈的含义是使强者更强,弱者更弱,从而引起极端的结果,甚至在市场上表现为一家公司或一种技术支配或主宰市场。与之相反的现象是负反馈,即强者变弱,弱者变强。在传统经济中,负反馈起支配作用。如在寡头行业中,行业领导者试图获取更多的市场份额,这种企图通常会引起激烈的反应,小的竞争对手会设法防止生产能力利用的下降。这种竞争性反应使领先公司无法获得主宰地位。另外,由于管理大企业的复杂性,当超过一定的规模时,公司会发现成长变得越来越困难。随着大公司背上高成本的负担,更小、更灵敏的公司会发现更有利可图的市场份额。这种此消彼长的趋势反映了负反馈的作用：市场找到了一个平衡点,而不是走向单个公司主宰市场的极端状态。当然,工业经济时代也存在正反馈效应。事实上,几乎每个产业在发展的早期都要经过一个正反馈阶段。通用汽车公司比小的汽车公司更有效率,主要就是因为它的规模经济效应,这种效应刺激了通用汽车公司的进一步发展。这种正反馈源于生产的规模经济,大公司通常有更低的单位成本

（至少到达临界点之前）。这种传统的规模经济实际上是一种供给方规模经济。基于供给方规模经济的正反馈有其自然限制，超过临界点，负反馈就起主导作用。这些限制通常源于组织管理成本的上升，使企业很难达到主宰市场的水平。这正是我们在工业经济时代所见到的多数市场是寡占型市场而不是垄断市场的原因。

然而在网络经济时代，正反馈处于支配地位。当两家或更多家的公司争夺正反馈效应很强的市场时，只有一家会成为赢家，即"赢者通吃"。与工业经济时代的正反馈相比，网络经济中的正反馈是以一种新的、更强的形式表现出来，并且它是一种需求方正反馈，而不是供应方正反馈。这种正反馈来自需求方规模经济。这种规模经济是一种不同于工业经济时代的由于产量增加导致成本降低而形成的规模经济，它产生于网络外部性，即在其他条件不变时，连接到一个较大的网络要优于连接到一个较小的网络，因此是一种需求方的规模经济。

（四）共享经济性

在网络经济条件下，企业在需求上表现为需求方规模经济，在生产上则呈现出明显的共享经济性。工业经济时代的规模经济性主要来自资产专用性和不可分割性，网络经济条件下的共享经济性则主要来自信息产品的共享性。对于许多不同的生产过程，信息、技术等共享性生产要素，可以不费任何成本地从一种生产过程转用于另一生产过程。信息产品的共享性必然要求信息的网络化，即通过信息通道、信息接收器、电子计算机和传真机等信息装置，把有关组织和个人联结起来，形成一种企业与企业之间通过网络技术作为媒介彼此联系、共享多种经济要素和生产条件的复合体。由此共享经济成为网络经济条件下企业追求的重要目标。

第二节 消费者预期与技术的选择

在网络经济条件下市场结构的形成过程中,消费者预期以及由此导致的技术选择过程和方式对其具有重要的影响。

一、消费者预期与预期均衡

(一)消费者预期与网络临界规模

在网络外部性较强的信息产品市场,预期对一种产品的网络规模(或用户基础)及其增长,从而对该产品能否被采用具有重要的影响。由于存在网络外部性,每个消费者的效用取决于购买同样产品的其他消费者的人数,即网络使用者的规模。消费者的效用函数是相互依赖的,这就意味着购买者必须预期他将来要购买的组件的可能性、价格和质量,以得到尽可能大的网络外部效应。这时,需求水平便取决于消费者对网络规模的预期,消费者在购买某种具有网络外部性的产品时会预期购买这种产品的消费者的数量。下面分析消费者的预期均衡。

假定有一项受网络外部性影响的新技术拥有 100 万个消费者,每个消费者对产品的评价值为 n,n 是其他使用该技术的消费者的数量(若 n 的值很大,就近似于网络规模)。即 n 值越大,每个潜在的购买者对产品的评价值就越高。具体来说,即每个消费者愿意为产品支付 n_e,而 n_e 就是网络的预期规模。

假定每个消费者预期不会有其他消费者加入该网络,则 $n_e = 0$,此时将没有消费者愿意为加入该网络付费,因为这时净收益小于零。由此可见，对于任何一个正的价格，没有消费者愿意加入该技术的用户网络将是一个纳什均衡，或称其为预期实现均衡，这时，均衡价值 n 等于预期价值 n_e。

现假定每个消费者预期其他消费者都加入该网络，这意味着每个消费者都愿意为新技术付出 999999。假如价格低于这一数值，即可得到第二个纳什均衡，即每个消费者都愿意加入新技术的用户网络。这样在价格 0 到 999999 之间存在两个纳什均衡：一个是所有消费者都购买新技术；另一个是所有消费者都不购买新技术。这说明，当存在网络外部性时，对于某一给定的价格，可能存在多种需求水平，而需求水平又取决于消费者对网络规模的预期。

进一步分析，如果价格是 900000，预期会出现零使用者均衡还是 100 万使用者均衡呢？若价格是 900 又会如何呢？严格地说，在以上两种情况下，两种均衡都有可能出现，但从直觉上看，价格高时似乎少量使用者的均衡更有可能出现；价格低时则大量使用者的均衡更有可能出现。假定价格是 900000，在此情况下，消费者只有在肯定至少有 900000 名（100 万中）其他消费者也愿意购买时才会前去购买该项新技术；但若价格是 900，则消费者只要肯定至少有 900 名（100 万中）的其他消费者愿意购买同样的技术就足够了。

在现实中，这种技术博弈并不局限于一个时期内，而是随着时间的推进而展开。假定价格是 900，即使大多数消费者对于出现大量使用者均衡的机会持悲观态度，由于随机扰动的存在，仍可能有 900 名消费者真正去购买。一旦发生这种情况，对于其他消费者而言，购买同样的技术就成为优势战略，因为这时已经有 900 名消费者购买了该技术，将来网络的规模至少是 900，因此可以预期市场将迅速趋于大量使用者的均衡。也就是说，网络市场趋于大量使用者均衡取决于使用者的数量高于给定的最低值（本例中当价格为 900 时，使用者为 900）。一旦高于该最低值，需求将通过自我加强机制继续增长，直至达到大规模网络的均衡。该最低值就被称为导致网络建立的购买者临界水平或称关键数量。根据上面的分析可知，价格越低，超过最低值（达到临界水平）的可能性就越大。

这一结论包含重要的经济学含义。在竞争市场中，定价时将主要考虑成本因素，技术进步促使成本不断降低。这时，我们预期初始均衡为高价格和小规模网络，或根本不存在网络，即零使用者均衡。随着时间的推移，成本和价格都在下降，一旦达到临界规模，需求便趋于大规模网络均衡。在垄断市场或某一企业具有较大市场力量的市场中，以上分析预示着成功的战略是制定较低的推介价格，以获得累积效应（或"滚雪球"效应），也就是说，取得超过临界规模的需求并将其推向大量使用者均衡。

以上结论对企业经营具有重要意义。在网络效应很强的市场中，较大的用户基数是一项值得精心维护的资产，因为导致少量使用者均衡的危险总是存在的。在这种市场中，任何一种技术产品要在这个产业中生存下去，都必须形成一定的网络规模。尤其是当一种新的技术产品进入市场时，虽然与已有产品相比它在技术上具有优势，并且确实对消费者产生了一定的吸引力，但要真正得到他们的认可，还需考虑其他一些重要因素。对于后进入市场的企业而言，就需要采取一系列竞争战略，如催促产业链的形成、进行差异化竞争、不断提升产品质量等，以此来积极地引导消费者，培育自己的竞争优势。在这些竞争策略中，最常见的就是免费提供产品和服务，甚至提供一定补贴。

（二）罗尔夫斯的网络市场均衡模型

杰弗里·罗尔夫斯（Jeffrey Rohlfs）对网络产品市场的多重均衡性

进行研究。他假定市场不存在竞争,考察了垄断厂商提供网络服务的情况。当产品的需求受到网络外部性的影响,传统需求曲线不能解释这时的情况。每个消费者从产品中获得的效用取决于其他购买同样产品的消费者的数量,网络使用者的规模,或更精确地说需求取决于消费者对网络规模的预期。

在图 6-1 中,横轴表示已加入这一网络的人口比例,纵轴表示产品价格。当产品价格水平低于 25 时,存在两个平衡点:f_1 和 f_2。低比例的均衡点 f_1 将是不稳定的,价格稍微上升或消费者数量减少,都会使得最终结果偏离该均衡。一旦跨越了 f_1 点,需求将通过自我加强机制继续增长,消费者将愿意支付高于 P 的价格,从而逐渐趋于 f_2,最终达到大规模网络的均衡。在这里,f_1 是网络经济中需要跨越的一个潜在壁垒,即为导致网络建立的购买者临界规模或关键数量。

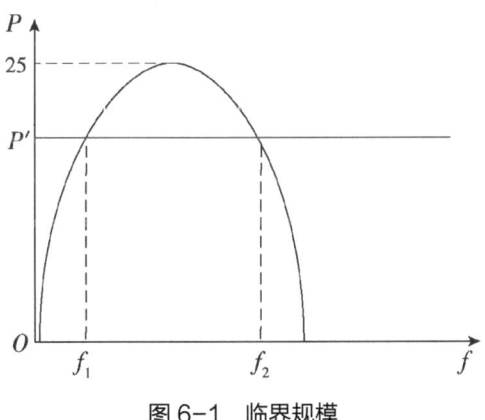

图 6-1 临界规模

从厂商角度看,他可以通过设置一定的价格水平来实现利润最大化。在该模型中,设厂商只收取固定费用而不收取每单位产品的费用,因此,可假设产品的边际成本为 0,市场上消费者的人口数为 N,则厂商的利润为:

$$\pi(f) = pfN = 100Nf^2(1-f) \tag{6-1}$$

利润最大化的一阶条件为：

$$\frac{d\pi(f)}{df}=200Nf(1-f)-100Nf^2=0 \qquad (6-2)$$

$$f=\frac{2}{3}, p=22.22$$

在一定的条件下，厂商可以寻找到网络的最佳规模，问题是最初厂商如何达到这一规模。当消费者不能相信别人也会进入这个网络时，是不会主动先进入这个网络的，此时厂商可采取两种策略吸引消费者进入，以建立自己的网络：一是在一定时期向消费者提供免费服务，即厂商在竞争初期不惜以免费服务的代价吸引消费者，建立自己的网络，如免费软件、网约车服务等。二是将设备租赁给潜在的消费者，而且这种租赁合约可随时取消。当传真机刚进入市场时，厂商瞄准了跨国公司、政府机构等大客户，将机器租赁给他们。过了一段时间之后，当这种使用传真机网络逐渐形成后，需求规模迅速提升，厂商利润才由此大量增加。

二、技术选择中的路径依赖

经典经济学模型通常是无完美记忆的模型，给定产业的均衡，企业价值等是由长期的供求力量决定的。可能会有其他具有短期效应的因素会破坏这一均衡，但市场供求力量迟早会将经济带回到均衡状态。历史事件可能会有一定影响，但这种影响将随着时间的推移而逐渐消失。

但在网络经济条件下，网络外部性效应的存在对上述结论提出挑战。在具有网络外部性的产业中，历史事件可能会发挥重要的作用。下面的模型说明了这一点。

假设一种新技术（如手机操作系统）有两个版本（Android与IOS），这两种版本互不兼容，只有同种版本的购买者才能得到网络效应。每种版本的价格都是受外部因素的影响,为简便起见,假定每种版本的价格相同。

设消费者是顺序进入的,即在每一个时期,一个新的消费者必须决定选择新技术的哪种版本:A 或 B,每个消费者都偏好于购买具有大量用户基数的版本,特别地,"A 的爱好者"将从 A 得到 $u + n_A$ 的效用,从 B 得到 n_B 的效用,这里,n_A 与 n_B 是指 A、B 用户基数的规模,u 是指即使没有消费者购买 A 的情况下,一个"A 的爱好者"购买 A 得到的效用,也被称为单独效用。A 的爱好者从 B 中没有得到单独效用。设 n_i(i = A、B)是网络相关的效用因素,对于 A、B 两种版本的技术该值相同,当然其大小会随着网络规模的变化而变化。同样,"B 的爱好者"将从 B 中得到 $u + n_g$ 的效用,从 A 得到 n_A 的效用。

若 $n_A = n_B$,则 A 的爱好者购买 A,B 的爱好者购买 B。但若有一种版本的技术拥有足够大的用户基数,两种类型的消费者都将购买同种版本的技术。特别地,若 $u + n_A < n_B$,则 A 的爱好者也将购买 B,也就是说,如果 $n_B - n_A > u$,那么两位消费者都将购买 B。类似地,如果 $n_A - n_B > u$,则两种消费者都将购买 A,用图 6-2 表示。

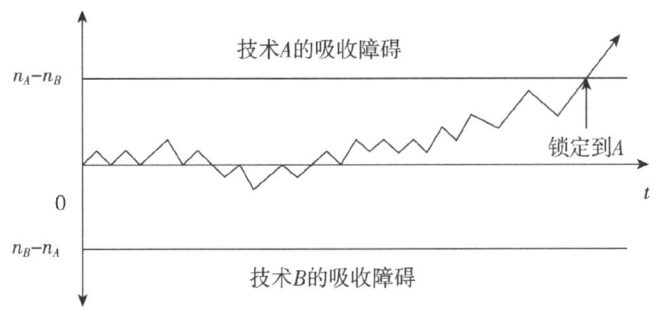

图 6-2 网络外部性下的技术使用

在图 6-2 中,横轴表示消费者顺序进入市场,一个时期进入一个,纵轴表示技术 A 和 B 之间用户基数的差异。只要差异在区间 [-u,u] 以内，每个消费者都会选择他所偏好的技术。但一旦突破这些壁垒，每个消费者都会选择领先的技术，这又加强了随之而来的消费者的选择，这是一个自我加强的过程。这里，$-u$、u 都是吸收障碍。一旦通过了这些障碍，就称该产业"锁定"在其中一项技术上。

该模型说明，网络外部性可能意味着多重均衡，一个产业迟早会被锁定在某一种或另一种技术上，究竟锁定在哪一种技术上在很大程度上取决于早期使用者的行为。最终的赢家并不一定就是最好的或消费者最偏好的技术。假定 A 的爱好者多于 B 的爱好者，由于效用函数是对称的，所以市场的最优选择是 A 技术，至少被锁定在 B 技术上是次优的。但极有可能存在第二种情况：即使在总体上 A 技术的爱好者多于 B 技术的爱好者，但很可能在第一批使用者中 B 技术的爱好者占更大比例。产业最终锁定的技术将取决于一个有限数量，可能是小数量的最初使用者，甚至第一个消费者的决定也许会成为重要的小历史事件，具有这种特性的动态过程就是所谓"路径依赖"。

由于路径依赖效应，产业有时会被锁定于较落后的技术上，如微机 QWERTY 键盘（全键盘）模式的选择。锁定的产生与用户的转移成本有关。用户在购买网络产品后，必须进行与该网络相关的投资，或者由于网络的组件购买是在一个不同的时段发生的。因此，用户一旦选择了某种"网络"，再想转移到另一网络的成本很高。网络效应可能产生的"锁定"效应，会阻止使用者采用一种新的先进技术，从而导致无效率，而转换成本的存在，进一步加深了这种无效率的程度。

三、技术转换博弈中的过度惰性与过度动机

上面分析的是一种新技术或新产品的两种替代版本之间的选择情况，但有时并不是在同种技术的两种新版本之间进行选择的问题，而是新旧两种版本之间的竞争。那么决定这种转换发生的因素是什么呢？下

面通过一个模型来说明这一问题。

假定有一种旧技术,用 O 表示,有一种新技术,用 N 表示。假设只有两个使用者,都是 O 的用户。这两个使用者必须顺序决定是否转换到新技术,一个使用者可能是 O 的爱好者,或 N 的爱好者,使用者知道自己是什么类型,但他不知道另一个使用者的类型。这个博弈的关键就在于当决定是否转换到新技术时,第一个使用者不知道将来的使用者会做出什么决定,由于存在网络外部性,转换到新技术的收益取决于其他使用者是否也会这样做。

图 6-3 具体描述了每一个使用者使用 O 或 N(转换或不转换)的收益将取决于其他使用者行动的情况。例如,倘若一个 N 型使用者决定不转换而另一个决定转换,那么 N 型使用者的收益就是 10。可见,若其他使用者也选择 N,那么 N 战略就会给 N 型使用者带来更大的收益,然而,N 型使用者的最优总体结果是与其他使用者选择相同的技术。对于一个保守型的使用者(O 型使用者),选择新技术是其劣战略,即不论其他使用者如何选择,O 的爱好者总是坚持旧技术的收益大。

	O	N
O	12	10
N	-10	17

N 型

	O	N
O	10	9
N	-20	-8

O 型

图 6-3 同时进行的技术使用决策:给定类型使用者(做行选择)
的收益是其他使用者选择(做列选择)的函数

假定一个使用者是 N 型的概率是 80%,考虑这个博弈的均衡。先考虑第二个使用者的决策。若他是 O 型使用者,则他总会选择 O 技术;若他是 N 型使用者,那么当且仅当第一个使用者转到 N 技术时,他才转换。

再考虑第一个使用者的选择。该使用者考虑预期的第二阶段的结果。通过比较 N 型使用者预期从各种可能选择中得到的收益，可得出第一个使用者的最优选择也是 O，也就是说，即使他是 N 型使用者也不转换到新技术。可通过比较 N 型使用者预期从各种可能选择中得到的收益情况得出这一结论。他选择 N 型技术的预期收益为：20%×(−10) + 80%×17 = 11.6。第二个使用者是 O 型（选择 O 技术）的概率是 20%，此时，第一个使用者是唯一选择新技术的人，这会给他带来 10 的损失。第二个使用者是 N 型并转换到 N 技术的概率是 80%；在此情况下，第一个使用者将享受最大可能的效用 17。

而不转换到新技术对第一个使用者意味着更高的收益，即 12，也就是说，即使预先确知使用者偏好新技术的可能性较大，以及即使两个使用者确实都偏好新技术，唯一的均衡结果是不使用新技术。

这种技术转换博弈的特征被称为过度惰性，它强调了完全信息与不完全信息的重要差别，即使当不完全信息"近乎完全"时仍是这样。第一个使用者"几乎确定"地知道第二个使用者偏好新技术，而且有一点是共识：如果两个使用者都偏好新技术，那么二者都转换到新技术的收益会更大。但第二个使用者不转换到新技术的可能性（尽管可能性很小）却在阻止使用新技术方面发挥重要影响。

过度惰性只是一种可能性。现实中，市场在使用新技术时不一定很缓慢，有些情况下，转换到新技术的速度却很快，见图 6-4 表示的博弈。

	O	N
O	12	10
N	−10	13

N 型

	O	N
O	100	4
N	−20	5

O 型

图 6-4 同时进行的技术使用决策：给定类型使用者（做行选择）的收益是其他使用者选择（做列选择）的函数

假定使用者是 N 型的概率仅为 1%，对收益矩阵的分析表明两种类型的使用者都更为偏好技术兼容而非不兼容（网络价值优于单独价值）。N 型使用者边际的偏好是二者都转换到新技术的情况，而 O 型使用者更多地偏好于没有使用者转换到新技术的情况。

由于 O 型使用者对维持原状有更多的偏好，而且使用者是 O 型的概率很高，可以预期转换到新技术的均衡不会发生。而当第一个使用者是 N 型时，转换会发生。实际上，第一个使用者会正确地预计到，不管第二个使用者是什么类型，第二个使用者会和他一样也转换到 N，因为 O 型使用者尽管更偏好维持原状，但与 O 型技术相比，他更偏好兼容性，因为他知道第一个使用者如果是 N 型的，就将转换到新技术，并最终取得 13 而非 12 的收益。虽然与第二个 O 型使用者的损失相比，这是边际所得，但第一个使用者并不关心第二个使用者的收益，而只关心第二个使用者的行动方案。

也就是说，网络外部性可能会导致一种潮流效应，初始使用者的行为会触发一系列以后的使用行为。在有些环境中，偏好使产业在不转换到新技术的情况下收益更大，在这种情况下，如果确实发生转换，那么称市场表现为过度动机。许多使用安卓 10 系统的用户对该系统的稳定性和功能非常满意。然而，随着手机厂商大力推广安卓 13 系统，并且新出的手机大多预装安卓 13 系统，应用开发者也逐渐将更多的精力放在适配新系统上。这使得仍在使用安卓 10 系统的用户，由于部分应用在旧系统上出现兼容性问题，如无法正常打开某些新功能、软件闪退等，不得不选择升级到安卓 10 系统。但这并不意味着这些用户升级后的体验会更好，他们可能反而怀念大家都使用安卓 10 系统时，手机流畅且软件兼容性良好的状态。

可见，网络外部性可能意味着过度惰性，此时即使大多数人对使用新技术感兴趣，新技术也不被采用；但网络外部性也可能意味着过度动机，此时即使大多数人不希望转换到新技术，这种转换还是会发生。

第三节　产品兼容性及其效应

一、兼容性的含义及其实现方式

产品的兼容性是一个"系统"中两种组件结合起来工作的能力。两种产品结合起来共同提供服务所需的额外成本，体现了它们的兼容性程度。"系统"产品互补件之间的兼容性程度直接影响网络规模的大小，从而影响用户对该网络产品采用的速度，进而对这一市场的竞争与市场绩效产生重要影响。法雷尔和萨洛纳区分了三种兼容性：物理兼容性、通信兼容性和习惯兼容性。物理兼容性是指物质产品在物理或电磁学上被设计安装在一起，它是通过物理产品性质的标准化来实现的。通信兼容性是指两种物质设备彼此通信交流的能力，一般通过特定的通信标准来实现。而在习惯兼容性情况下，协调产品设计的收益不是表现在物质上，如标准时间和货币等。

产品兼容性的实现方式有两种：标准化和加装适配器。标准化方式是事先通过设计使产品遵守某种共同的标准或协议实现产品之间的兼容或"互操作"，它是一种事前的兼容。适配器是使组件连接起来"工作"的产品或软件程序。一些开始不兼容的技术可以使用适配器获得兼容性，它是一种事后的兼容。

二、产品兼容性的效应

产品兼容性的效应至少表现在以下三个方面。

（一）实现更大的网络效应

产品之间的兼容性程度直接影响该产品的网络效应的实现程度和范围。当所有用户在一个网络中时，网络规模最大化，实现的网络收益也最大。

（二）减少或消除停滞效应的影响

若产品是兼容的，一个消费者在选择某种产品时，不必担心其选择的产品将来会被其他消费者"抛弃"而从市场上消失。

（三）产品兼容性对产品多样性会产生一定的影响

对单个组件的品种，可以说兼容性降低了产品之间的差异，减少了产品品种的多样性，而对完全系统的品种来说，兼容性则通过允许消费者从不同系统中对不同的组件进行混合配对，增加了产品多样性。这样，一方面，产品兼容增加了消费者能够选择的、利用不同组件组成的系统数量；另一方面，兼容性要求组件在其他方面更加相似，从而减少了组件品种的数量。

兼容性也具有一定的成本。兼容性的潜在成本取决于实现兼容的机制。通过标准化实现的兼容性，其主要成本是组件产品多样性的损失：消费者可以挑选的差别化产品更少。利用适配器的主要成本是适配器本身，以及适配器导致的产品性能下降。因为通过适配器很难实现组件的完全兼容而不损害产品的性能。

三、兼容性与企业竞争策略

从直观上看，如果各种同类技术或产品之间是兼容的，它们将拥有相同的网络价值，此时，厂商之间的竞争和一般情况没有什么两样，谁的成本低，谁的竞争优势将更大。但如果各产品之间不兼容，且网络外部性很强，那么如果一种产品或服务成为标准，它将垄断整个市场，出现"赢者通吃"的现象，使输家血本无归。可见，兼容性决策对厂商之间的竞争是极其重要的，企业决策必须充分考虑这一因素。下面通过一个模型分析兼容性在企业战略决策中的重要性。

考察一个简单的两阶段博弈，在第一阶段，企业决定是否使其技术具有兼容性。如果达不成协议，则将展开"标准之战"，随之其中一种技术被采纳为标准。在第二阶段，展开产品市场的竞争。若先前达成了兼容性协议，则每个企业赚取双寡头垄断利润 πD；若先前没达成协议，那么在标准之战中取胜的企业将赚取垄断利润 πM，失败者的利润为零。下面分析：平均而言，哪种情况下企业的收益更好，是兼容还是不兼容？

先考虑第一种可能情况：兼容性之战是为了吸引消费者，为此企业需要花费资源，这时准备了较大花费的企业将赢得竞争。在标准之战中取胜的企业的收益是 πM，即标准制定者在第二阶段的利润。标准之战本质上如同拍卖，出价最高的参与者赢得拍卖，竞争结果类似于伯川德竞争，企业将其出价提高到 πM。最后，赢得拍卖不会获得正的净收益，收益 πM 刚好弥补为得到它而付出的代价，输赢双方都以净收益为零告终。不论双头垄断利润 πD 有多低，达成兼容性协议对企业来说都意味着更有利的结果。

再考虑第二种可能的情况：选择流行的标准是由一系列企业无法直接控制的条件决定的，如消费者恰好偏好某种技术并购买该技术，随之产生一种示范或"滚雪球"效应，或政府的某些管制政策等给予某一种标准初始优势，并在自我加强的动态过程中得以巩固。在本模型，假定不兼容意味着每一种技术被采纳为产业标准的概率为50%。

下面分析均衡收益。如果企业选择兼容，情况与前面一样，双方以获得双头垄断利润 πD 而告终。如果双方不同意其技术互相兼容，其中一种技术被选为标准的概率为50%，并获取垄断利润 πD，另一种技术的收益为零。平均而言，每一个企业所得到的利润为 $50\%\pi M$。由此可得到以下结论：当且仅当 $50\%\pi D > \pi D$ 或 $\pi M > 2\pi D$ 时，采取不兼容才是较优的，这是一个普遍成立的条件：成为一半时间的完全垄断者要比一直做双寡头垄断者中的一员更有利。这一结论在产品市场竞争激烈的条件下表现得更为明显，因为这时 πD 比 πM 低得多。

概括以上分析，可得出以下结论：如果标准竞争很激烈，那么企业偏好兼容；如果产品市场竞争很激烈，那么企业偏好不兼容。

以上有关标准竞争的模型分析建立在一种较特定的环境之中，在其他环境中该模型一般也适用。特别地，标准竞争的一个可能效果是减少产品市场规模。有时两种不兼容的标准互相竞争，较优等的标准退出市场，而较次等的标准却留给消费者，原因是消费者对选择哪一种标准变得疑惑，他们宁愿哪一种都不选。当新技术试图取代现有技术时，消费者"简单"地选择继续使用较落后但确定的技术，这意味着过度惰性占了优势，也说明现有技术的合理存在导致标准之战的潜在成本是高昂的，成本高昂的原因与其说是企业需要花费大量资源，不如说是两个企业失败的可能性都很大。

第七章
互联网革命与产业业态变革

当今世界，一场以互联网应用为主要内容的新产业革命，也称互联网革命正在迅速发展，引起产业的深刻变革。

第一节　互联网革命与服务业业态变革

一、互联网视角下现代服务业业态特征

在互联网时代，现代服务业借助互联网具有的信息低成本获取、即时化交易、平台化协同、生态化连接等优势，形成新的商业业态，并表现出新的行业特征。

（一）业态主体关系的复杂性

在互联网时代，现代服务业主体主要包括服务业企业、金融机构、科研机构、高等院校、中介机构和政府等。其中企业是从事生产经营活动的行为主体，在整个现代服务业发展过程中占据主导地位；金融机构、科研机构、高等院校和中介机构是提供服务的主体，主要包括提供技术支持、融资服务、知识产权、法律服务等服务支持；政府机关主要提供政策支持，促进整体互联网经济有序发展。由此，互联网背景下的现代服务业业态构成一种网络生态系统，消费者和生产者依赖互联网，完成一系列交易活动，企业实现利润价值，消费者更好地满足自身需求。

不同于工业文明时代，在互联网时代的服务企业不再盲目地追求大规模标准化生产与销售，网络将消费者联系起来，通过信息网络的传播及反馈机制，使得企业的组织架构发生质的变化，改变原来的集权模式，形成一个能够适应市场变化的分布式网络体系架构。这种体系常常

需要根据需求变化实时调整具有相应生产能力的合作对象、动态组织生产要素和产能，不断实现自我迭代和更新，因此使业态主体关系变得更加复杂。

（二）业态创新技术的不确定性

在互联网发展进程中，出现了一系列划时代的重大技术突破，推动着互联网产业的集聚和快速发展。在互联网时代，消费者对于产品的需求多样化，促进企业研发投入和创新活动，并不断调整产品结构以适应多变的市场需求。市场消费的不确定性导致互联网产业技术创新的不确定性。互联网革命发生以来，科学技术变革日新月异，服务业企业设计出来的新产品也逐步蜕变，改变原来的简单通信工具职能，逐步扩展到人类社会生活的各个方面，产品需求的复杂性也必然会要求更高的技术水平相适应，因此，产品的不确定性导致互联网产业发展、创新的不确定性。

（三）业态创新环境的综合支撑性

互联网技术的迅猛发展使互联网平台上的各主体之间联系综合交错，促使互联网平台中的现代服务业业态成为一个复杂的社会大生态系统。服务业业态创新的大环境主要通过支持业态创新的硬条件和促进创新的软环境两个方面形成的。

1. 支持业态创新的硬条件

互联网平台中的现代服务业业态创新的硬件条件主要包括区域内的网络设施、创新型人才、教育科技设施等基础设施。我国是互联网发展的大国和强国，目前我国在各省份都大规模采取了网络改造升级计划，在我国各大高校网内都实现了网络覆盖。除了网络设施这个硬条件的加强，创新型人才同样也是业态创新的硬条件，是支撑服务业业态创新的关键因素。教育科技设施的快速发展也能带来互联网平台中现代服务业的高速发展。移动互联网终端平台的应用大大加强了企业和用户的便利，促使产业链各个环节迅猛发展，在这个过程中，催生了许多新型业态和商业模式，促进了服务业升级。

2. 促进业态创新的软环境

营造一个技术交流、创业创新的软环境是提升创新能力的关键。软环境主要包括制度、机制、文化和政策。政府通过制订规划、政策、标准和法律法规，不仅可以促进各类创新要素之间的联系与协作，还可以为互联网企业营造健康有序、公平竞争、开放的市场环境。同时，在互联网革命背景下，各类投融资机构，如天使基金、VC、PE 等可以更好地获取行业企业发展信息，对业态创新的资本支撑性能更加完备。此外，由于互联网技术创新和商业模式创新对知识传播的加速效应，以及各类创业孵化平台的发展，服务业业态创新的综合支撑体系逐步完善，由此促进了服务业细分市场业态的变革。

二、互联网对服务业发展模式的影响

（一）新的信息获取模式：信息泛在及去中介化

1. 获取信息的载体多元化

互联网革命的过程体现出信息获取、发布、传导载体的多元化、泛在化过程。在桌面互联网时代，电脑显示屏是唯一的信息获取界面。随着移动互联网的发展，平板电脑、手机、可穿戴设备（如智能眼镜、手表、皮带、衣服、鞋子等）、汽车导航屏幕、家电操作界面、门禁显示等都可能成为信息获取和传播的载体。未来随着物联网技术的发展，泛在终端的愿景是，所有的物品都嵌入芯片，可以进行信息感知和发布，各类大数据的积累成为商业决策、商业设计的有效依据，市场信息进一步透明，获取信息的载体更加无处不在，呈现泛在化趋势。

2. 信息透明与去中介化

信息获取载体的泛在化、信息传播的实时化和低成本，将推动服务业信息透明化进程，进而拉开传统服务业去中介化的大幕。传统以信息代理为盈利核心的经纪人行业、代理服务业、中介服务业、中间零售商等业态将面临转型，部分行业甚至可能消亡。如公路货运市场、传统的信息部、中介服务都在面临货运 App 的挑战。近几年，提供直接货车匹配对接服务的移动平台如雨后春笋般大量涌现，如致力于公路运输的"满帮"平台、专注于同城快运的"货拉拉"平台，将市场、企业、货主、司机进行一体化运作的"快运滴"等平台快速成长，传统的货运场站中介服务面临较大挑战，纷纷转型互联网服务。

3. 商业活动全时全域化

基于互联网的电子商务平台更是让传统商业服务演变成无边界服务。理论上讲，任何一个电子商务销售平台，都是 7×24 小时、面向全球市场实时发布销售信息的平台。传统商业服务的营业时间限制、市场区域限制在技术上已经被突破。例如，通过跨境电子商务 Ebay 平台，本地工厂可以直接开设店铺，直接与全球终端消费者取得联系，并实现全年无休、全天运营。

（二）新的产业组织模式：去中心化和平台整合

1. 新的服务业市场整合形式：平台整合

平台整合即平台型市场整合，其中互联网平台是一种由互联网和应用终端驱动的"半开放的中间组织"形态，是提供交易规则和互动环境的虚拟交易市场。不同于传统的联盟、并购、持股等市场整合模式，平台整合是一种开放的（随时加入和退出平台）、不以产权交易为基础的市场组织模式。在互联网时代，平台整合模式将成为服务业市场和产业组织的新形态。电子商务平台（如淘宝、天猫）、O2O 到家服务平台等都是平台型市场整合的典型。

虽然同样由市场利润驱动，但网络平台同时为双边、三边甚至多边市场交易主体服务，并依据不同的行业发展特征和发展阶段形成了不同的补贴和付费机制。例如，以中小企业为服务对象的淘宝平台，采用商家入驻免费的形式，实际上是补贴了商家。天猫平台以大卖家和品牌商为服务对象，则采用收费模式。

2. 平台整合模式下的去中心化

一个网络平台本质上是一组行业供应链关系的集合，是以相对独立的第三方对市场交易规则进行建立、重组和监督。实质意义上中立的第三方平台，解构了传统流通市场主体的权利地位，一方面，提升了传统集中型经济形式下弱势群体地位；另一方面，降低了传统集中型市场垄断者的地位，形成去中心化平衡格局。

这种平台整合形式下的去中心化，将进一步体现为传统行业垄断企业的产业链核心地位转向平台服务业，产业链的权利组织模式也趋向扁平化。平台成为新的市场垄断力量，但由于平台的垄断利益与原有产业价值链并不重合，因此，实际的效果是，平台将推动很多服务业行业形成去中心化格局，而平台自身以不同维度的盈利形式成为服务行业和市场的代言人。进一步来说，各服务行业的原有垄断力量都在削弱，平台服务企业有可能成为各行业新的垄断者和组织者，服务经济形态将逐步呈现出以平台为主导的簇群市场结构。

3. 新的创新创业平台形式：孵化器和创客经济

进入 21 世纪，在中国的消费和民生服务领域，互联网信息技术开始进入大规模的应用转化阶段，很多前沿技术和商业模式创新可以在互联网平台上实现低成本落地。这种低成本主要来自以下三个方面。一是各类互联网基础服务的健全，例如电子商务行业，在网站设计、代码编写、营销推广、物流服务等领域都有大量企业提供专业服务，降低了"网上开店"的进入门槛。二是很长一段时间，互联网创业都比较容易获得风险投资的支持，大量专注于移动互联网创业、TMT（Technology, Media, Tele-com）领域创业和年轻人创业的天使投资、股权基金投资等融资平台，为中小型创业企业提供充足的资金支持。三是国家政策支持，国家持续推动"大众创业、万众创新"的政策体系建设。各类创新创业平台快速发展，为新的创业者提供了越来越多的"一站式"服务，孵化器园区成为创新创业的孵化组织，各类"创客经济"蔚然成风。

（三）新的服务产品特征：长尾化、极致化和体验经济、口碑传播与粉丝经济

1. 服务产品的长尾化

需求极低的产品在全时全域的市场面前也变得具有规模化需求特征。克里斯·安德森（Chris Anderson）的长尾理论认为，当商品储存流通展示的场地和渠道足够宽广（如互联网平台），几乎任何以前看似需求极低的产品，只要有人卖，都会有人买。这种长尾化的展示特征使流通服务业产品的个性化程度也进一步提升，服务体验的定制化空间进一步加大。传统有限流通展示渠道的规模经济与个性化之间的矛盾得到一定程度的缓解，更具个性化、定制化和极致化的服务体验得以形成，流通服务市场创新空间进一步延伸。例如，在流通服务领域，内贸的淘宝、天猫等综合电商平台，外贸的易贝（Ebay）、亚马逊（Amazon）等跨境电子商务平台，提供展示的产品品类成千上万，并不断引入定制化程度较高的预售、社区拼团和直播营销等形式。在生活服务领域，传统的门店服务正在转变为"上门、到家"的 O2O（Online To Offline）服务，个性化的美妆、餐饮、按摩等长尾服务都产生了越来越多的互联网商业化解决方案。

2. 服务产品的极致化和体验经济

互联网让服务经济的反馈信息实现实时传递和呈现，服务的"好评"和"差评"成为影响消费者行为的重要因素，进而成为企业看重的生命线，这就在一定程度上改变了传统服务市场"逆向选择"和"道德风险"的信息不对称难题，形成市场正向反馈和良性循环的淘汰机制。这种信息对称的结果是服务质量提升和服务产品的极致化，消费者个性化需求和服务体验开始获得真正意义上的重视，围绕顾客极致化体验的服务产品优化、创新成为商家关注的焦点。例如，小米手机以高性价比、不断迭代的MI-UI、良好的售后服务以及与消费者的实时互动和需求响应，为消费者提供了产品和服务的极致化体验。

体验经济是服务产品极致化的延伸，互联网时代是"消费者主权"的买方市场时代，即使对生活必需品、必要服务的消费，消费者都在追求极致化的体验。简洁、友好的服务界面，参与感强、趣味性高的销售和服务过程设计，创新的商业、营销模式等都可以帮助商家转变传统呆板的服务模式，建立极致化的客户体验，造就顾客满意和顾客忠诚。如"小米"通过建立线上"米粉"社区和线下见面会等形式，为用户提供多渠道的信息反馈、良好的售后体验和极具参与感的全程服务。

3. 服务口碑传播与粉丝经济

互联网时代造就了自组织的营销体系，好的产品和极致化的服务都会通过社交媒体平台和比价、推荐、导购推荐网站快速传播，铸就良好口碑。同样，在各种社交媒体和渠道中遭受"差评"的产品和服务也会被消费者拉进"黑名单"。这种融入社交要素的营销和信息传播的模式很容易形成品牌忠诚度极高、重复消费频率极大的客户群，进而演化出类似偶像崇拜的活跃粉丝用户。粉丝用户对企业具有极大价值，除了高频消费之外，还起到正向社交口碑传播、热心帮助服务更新、主动维护品牌形象的作用。

粉丝经济的形成源自多个方面，例如产品从内到外的精致、创始人的人格魅力、品牌故事的哲学价值、明星用户的榜样力量等。例如，"褚橙"以创始人80岁高龄再创业、人生低谷再崛起、众多明星名人力捧、"本来生活网"社会化营销、产品质量高等多个因素，造就了单品零售销量和销售速度的神话，成为互联网粉丝经济的典型案例。

（四）新的产品创新特征：迭代更新与用户参与

基于移动互联网的电子商务平台和服务产品，包括App、O2O服务模式等，一般都会在较短周期对软件和服务模式进行频繁迭代更新，以期不断通过用户反馈等方式修正使用中的程序错误，更好解决顾客痛点问题，这也是极致用户体验的组成部分。同时，服务业互联网产品越来越多地强调调动用户自身的创造性，形成产品内容的自生成和自我更新。服务产品本身正在成为一个"使用者就是维护者"的自动更新系统。这种系统既可以不断调动用户积极性，形成鼓励用户参与的机制，又可以提升用户体验，不断更新产品，实现持续创新。

（五）新的盈利模式特征：间接化和多维度化

互联网使传统相对直接、简单的盈利模式变得更加复杂和间接化，这种新盈利模式至少包含以下两种模式。

1. 利用平台经济的准中立性收取间接费用

平台服务于入驻平台的企业及其客户，可以是双边或多边市场，平台的盈利模式可以采用交易分成、支付分成、流量收费、广告营销等，这些都不是直接向用户收取的入驻平台的费用，而是在用户入驻平台之后收取的间接费用。

2. 利用大规模用户基础对少量用户收费

"免费"经常是互联网企业借以吸引大规模用户和流量的"引爆

点"，但在提供免费服务的同时，平台也常常为愿意支付费用享受高标准服务的客户提供收费服务，或者通过收费向免费的基础用户提供附加服务或个性化服务，以改变"维度"收费的方式获取盈利。如免费试用的"微信"和"360杀毒"平台，以社交游戏、软件推广和定向广告等形式盈利，拥有大规模免费用户的QQ依靠对少量VIP用户的收费盈利，等等。

这些盈利模式的共同点在于，利用顾客在生活中的"痛点"形成互联网解决方案，通过一定程度的顾客培育固化应用场景。在大规模推广引流后，以间接的、定向的、极小单次收费额的方式扩展多维度收费，形成带有一定隐蔽性的收入和盈利模式。

（六）新的商业决策特征：大数据化

互联网时代，商流、信息流和资金流都可以直接在线完成，物流服务在区域流转过程中也会跟踪信息。几乎所有商业活动都可以积累线上数据，而且，随着信息技术和物联网技术的发展，这种数据的精确性、体量规模和持续性都会大幅提升。大数据时代已经到来，依托各种终端积累的大数据进行商业辅助决策已经极具可行性。

例如营销方面，在平台上观看婴儿产品的消费者，在浏览其他各类网站中获得的推送广告很可能是另外一种婴儿用品。这是平台数据和家用电脑cookie数据的联动应用。"双十一"购物节期间，天猫平台商家利用菜鸟物流的仓库网络优势，由菜鸟根据商品预售、交易历史、物流路径等大数据为商家提供一个建议备货量，将产品提前放入菜鸟物流的区域分仓，并在"双十一"当天推出"当日达"服务，在多个城市实现消费者上午下单，下午收货。随着大数据积累和分析挖掘技术的进步，大数据辅助决策和实时决策都有可能成为现实。

（七）新的市场营销特征：社会化媒体和搜索引擎优化

互联网发展让数字媒体逐步成为信息传播的主流渠道，利用互联网和各类社交媒体、社交网络平台进行营销也逐步取代了传统平面媒体，BBS 社区、知名论坛、博客、百科、贴吧、微博、微信等自媒体和社交网络成为现代整合营销的主流构成，这些互联网传媒渠道具有专业性强、运营成本低、可达性高、营销效果好的特征。例如，微信朋友圈的分享和晒图是各类服务企业实现口碑营销的重要模式，一些知名博主、微信公众号也成为企业愿意投入大量广告经费的对象。

此外，互联网电子商务平台和搜索引擎的发展使得搜索引擎优化（SEO）成为营销领域的新宠。一些用户量巨大的搜索引擎、平台都会向企业出售关键词，企业愿意付费以便使自己的企业或产品呈现在顾客关键词搜索结果的前端，与关键词相关的搜索引擎广告也快速发展。例如，在百度平台搜索"图书"，通常会看到京东、亚马逊、当当等结果，这些都有可能是相关企业对搜索引擎关键词付费营销的表现。

（八）新的市场竞争特征：跨界竞争与过顶传球

粗略地讲，跨界竞争（又称超限竞争）是一种由不在同一细分市场、同一产业类型、同一技术体系甚至同一产业链上的两个企业形成的竞争替代关系。过顶传球（over the top，OTT）更强调互联网去中介化后，各类服务直接面向终端消费者，中间商都在面临各种跨界竞争带来的生存危机。例如数码相机取代胶片相机后，其中低端市场被来自手机的拍照功能跨界替代；Skype（一款即时通信软件）通过网络电话做 OTT 运营商，在一些市场直接将传统电信运营商"过顶"淘汰；微信的出现在很大程度上与传统短信形成跨界竞争，并也已完成"过顶"淘汰的过程。此外，类似线上旅游平台对传统机票代理业务，滴滴打车、专车对传统出租业务，上门 O2O 对传统生活服务业务等都或多或少形成了跨界替代的趋势。未来，这种跨界竞争和替代可能在更多传统行业中发生。

（九）新的市场资源组织与管理形式：内部创业、众筹与共享经济

互联网条件下，信息可以实现即时化、精准化的传播，从而使传统经济中无法利用的一些资源获得再开发的空间。例如，愿意提供支付的服务需求方和消费者，以及愿意提供临时性、顺带性和碎片化服务的服务提供者之间，可以形成快速、低成本的沟通和交易撮合机制，即一些简单服务业的服务场景可以通过互联网直接达成，如汽车代驾服务、包裹众包配送服务、城市交通出行捎带。按照科斯的交易成本理论，由于互联网平台的存在，这类市场的搜寻成本、要素交易成本都大幅降低，服务外包的有限范围因此大幅扩展。从全球范围来看，这种利用外部资源进行"众包"或"众筹"的共享经济服务模式已经实现快速发展。

同理，在传统成本市场中，由于信息不对称带来较高的交易成本，企业已经将很多资源和要素内部化。在互联网信息革命交易成本降低的新条件下，企业也需要采用一些方式提升资源效率。例如，对于已经内部化人力资源的传统企业来说，将原有科层制、事业部制的企业结构转变为适应市场快速变化的扁平化项目管理模式可能还不充分，鼓励员工利用企业资源，开发新的项目，实现内部创业，也是激发大型机构内部员工活力的可选方式之一。这种模式也与互联网时代信息透明、外包合作等趋势实现了内在逻辑的一致性。

三、互联网对重点服务业行业的影响

（一）互联网革命对金融业的影响

支付、存款、贷款、投资、理财、保险、征信等都是金融领域相关

的产业业态。在互联网条件下,金融行业获得了新的创新载体和平台,传统金融业务不断演进,新的金融业态渐成雏形。同时,与互联网影响下的新的贸易流通业态相互作用,金融产业不断演化发展,成为互联网影响较深入的行业之一。互联网改变传统金融业,主要表现在信息传递、数据积累、工具平台搭建等方面。

1. 互联网与金融支付和结算服务业的变革

首先,第三方支付平台成为多模式、多载体、多功能的个人支付结算中心。在支付方面,第三方支付平台提升了支付和转账结算的便利性和快捷性。新的互联网支付、结算需要源自新的互联网电子商务业务。网上零售的交易双方不能见面,需要解决信任问题,第三方支付平台可以同时为买卖双方提供中间担保,即交易双方都满意后才实现支付货款最终到达卖方手中。在支付结算方面,互联网为支付结算提供了多种载体和解决方案。在桌面互联网和移动互联网进入快速、深入发展阶段,各种传感器技术、识别技术开始不断获得应用,支付的载体也开始不断增加,应用互联网技术,条形码、二维码、手机卡、指纹、掌纹、人脸、眼睛虹膜等都开始作为支付工具和载体。同时,以这些载体为基础,各种通过手机、可穿戴设备、支付平台账号、银行账号、社交网络账号进行的当面付、账号支付、转账、红包、找人代付等支付、结算方案不断出现,互联网正在不断创新支付方式和方案,使各种场景模式下的支付更加高效便捷。其次,互联网支付结算数据成为个人、商家和金融大数据的重要组成部分。互联网支付包括借助互联网手段进行的各种支付形式,除了第三方支付平台外,还包括网上银行支付、移动支付等。传统支付结算行业很难实现小额零售交易的大数据积累,但各类互联网支付平台在帮助消费者实现交易支付结算的同时,却能方便、实时、几乎零成本地采集和存储用户数据,这些数据能够成为消费者个人、各类线上线下商家以及各类服务机构的重要参考，也是互联网金融企业自身开发金融产品和制定公司策略的关键依据。最后，互联网支付有望成为场景化消费的重要入口。从业态变革的角度讲，互联网对传统支付、结算业务最大的影响是提升了金融支付业务的载体功能。除了前文提到的作为个人支付结算中心、社区大数据采集应用中心之外，目前还有一个重要的载体功能初现端倪，那就是场景化消费的重要入口。我们提到过互联网对服务业未来的影响趋势包括"基于即时化需求的实时下单、实时响应和迅速获取服务"，互联网支付也在演变为一种即时下单和获取服务的"场景"。

2. 互联网与投融资和理财业务的变革

首先，在合规控制风险的前提下，P2P金融平台降低进入门槛、高效匹配信息。在中小企业融资方面，小额度融资和放贷业务扩展了中小企业的融资渠道。互联网平台多终端实时互动可以充分调动民间资本的力量，P2P平台聚沙成塔的零售金融模式开始向更小规模、更多用户参与的模式演进。由于传统大型金融机构难以平衡小规模贷款的风险和收益，也难以实现信用评估，中小企业融资困难一直是中国发挥市场底层动力的制约因素。小额度的P2P融资项目为资金需求较小的中小企业和初创企业提供了融资渠道，例如平安陆金所的P2P借贷模式，很多中小企业项目得以获得融资渠道，也促使传统小额民间借贷在互联网上有效发布、集成，成为中小企业融资方式的有益补充。在闲散资金使用方面，平台信息中介模式提升了中小规模闲散资金的使用效率。信息中介型P2P平台既能高效汇集社会中小规模闲散资金，又能防控金融风险，是现阶段P2P互联网小额贷款的合理存在形式。其次，线上理财与互联网银行便利了居民小额理财业务。传统理财产品借助互联网工具实现了快速上线和便利购买。互联网自诞生之日起就在不断改变基金、股票以及其他一些金融理财产品的销售模式。以股票为例，纽约股票交易所最早的交易方式是现场交易，中小交易者会到交易所现场交易，大客户会通过电话或委托证券公司与证交所的大客户代表、证券公司的代表进行现场交易。随着互联网技术的不断进步，目前各类股票交易软件（大智慧、同花顺等）已经成为交易最常用的终端，中小散户也可以在电脑、手机上进行股票交易，且可以随时查看各种复杂的数据整理和分析结果。此外，这些客户端可以同时进行股票、指数、基金等理财产品交易，具有便利查询、数据全面、智能分析、产品聚集、即时交易等特点。

3.互联网和大数据对保险、征信等其他金融业务的影响

首先，互联网大数据推动了保险产品创新和销售方式创新。互联网时代下，每个人的购物、交易、支付、借贷等金融相关行为都可以留下数据记录，这些数据可以为互联网保险机构提供客户全方位信息，通过分析和挖掘客户的交易和消费信息掌握客户的消费习惯，可以较为准确地预测客户行为，帮助保险机构开发新型保险产品，开展定向保险销售等。其次，互联网大数据推动征信机制的系统化和精准化。传统金融很难对中小企业甚至个人进行征信分析，因为小规模贷款主体过于分散，很多个人数据难以采集和获取。互联网个人大数据的积累为个人征信业务带来了新的解决方案。个人消费、网络购物、存款信息、缴费信息等都可以作为个人信用的评判标准。一些互联网公司、数据公司和金融公司开始开展个人征信服务，为P2P融资、无抵押贷款、小额金融提供信用服务。传统银行业很难开展的个人征信业务，在互联网时代得以快速发展。

（二）互联网革命对新一代贸易体系和流通业的影响

在互联网技术对传统服务业的变革中，贸易流通体系遭受影响，形

成了依托互联网的一系列新模式。从桌面电子商务到移动电子商务，从大宗贸易到零售体系，从O2O到上门服务，从垂直平台到跨境电子商务，从社区众包到社群微商。可以说，互联网正在通过改变信息获取、展示、连接的形式，推动整个社会向新一代商业贸易和流通体系加速演化。

1.电商平台塑造了资源汇聚度更高的新型流通生态和组织模式

首先，电子商务平台经济成为流通市场各类资源、服务的网络集散门户和新型集聚形态。电子商务平台将流通市场的各类资源、服务汇集到网上。平台以第三方经营的模式，整合流通交易的供应方、需求方和其他第三方服务商。例如常见的B2B和B2C平台，供应方包括原料生产制造企业、中小贸易商、批发零售商、信息服务商、代理商等。需求方包括中小生产制造企业、贸易商、中介代理商、消费者等。第三方服务商包括支付企业、物流企业、广告流量企业、导购推荐企业以及各类分期贷款服务、社会化营销服务、价格比对服务商、整合积分服务商等。其次，第三方中立平台模式改善了传统流通模式在信用、融资等方面的信息不对称问题。中国传统流通市场存在大量中小流通主体，传统市场流通过程中的制度设计也存在诸多问题。基于互联网的电子商务平台经济模式在一定程度上实现了技术进步对制度缺陷的替代，为小、散、弱、差的中小企业流通市场解决了部分市场失灵问题。最后，各类垂直平台推动了流通市场的极致细分化、专业化，提升了流通体系的整体服务水平。综合型平台发展到一定程度之后，不论是批发型的大宗B2B平台还是零售型B2C平台，都在向垂直化、专业化方向发展，即主营某个或某几个特定产品品类，并为消费者提供更加专业和定制化的服务。这些专业垂直平台的发展推动了流通市场的专业化进程，提升了市场效率。

2. 大宗 B2B 贸易平台和零售 B2C 平台开始冲击传统实体渠道

除了电子邮件、EDI（Electronic data Interchange，电子数据交换）系统之外，电子商务很早就体现出互联网对流通业产生的影响。在大宗商品交易领域，B2B 线上平台最早获得发展，慧聪网、阿里巴巴等综合类大宗商品交易平台交易量快速增长，我国的钢铁网、科通芯城等垂直度更高的专业大宗市场也快速发展。同时，义乌小商品交易商城等实体平台因面临交易萎缩等问题，也开始向线上、线下全渠道运营转化。在 B2C 领域，网络购物对各类实体交易市场的冲击更加明显。各种百货商场、大型综合超市、城市综合体等都感受到了电子商务的影响，很多地区甚至爆发关店潮。在 B2B 和 B2C 平台的冲击下，线上贸易体系和线下交易体系可能形成边界清晰、相辅相成、共生发展的新一代流通产业。标准化、高频化的日常需求可以通过线上交易方便地获得，注重服务、注重体验的产品流通和贸易则在线下交易完成。同时，交易过程的体验也成为市场参与者关注的焦点："方便快捷、及时定位需求"的 B2B 贸易流通体系，以及"与休闲娱乐融为一体、注重交付体验"的 B2C 交易流通体系都成为市场发展的方向。线上流通平台和线下流通实体鼎足而立的流通体系成为互联网时代新一代流通体系的特征。

3. O2O 和"新零售"通过全渠道、场景化推进了流通市场业态向"消费主权"时代迈进

首先，O2O 和"新零售"实现了流通市场的全渠道运营。O2O 是指线上、线下融合，是流通市场的线上渠道和线下渠道打通，实现共同运营和配合发展。"新零售"是对传统零售业的转型升级，也涉及线上、线下的服务要素重构和成本、效率、体验的重构。其次，O2O 和"新零售"推动了服务业流通模式的变革。一是 O2O 和"新零售"的预约上门服务正在改变传统社区门店的服务产品流通渠道。二是 O2O 和"新

零售"的众包模式正在改变传统服务业员工从业者的组织模式。三是服务业 O2O 和"新零售"正在改变消费者对服务产品的消费习惯，例如，提供上门家政的"阿姨帮"应用，使原来按月雇用单一家政人员的消费市场逐步转变为按小时、按工作种类随时雇用多位服务人员的模式。四是服务业 O2O 还存在服务一体化整合模式，例如，"58 到家"提供上门家政、搬家、美甲等多种服务，实现服务产品的"一站式"整合。最后，O2O 和"新零售"将推动以定制化和需求实时响应为特征的场景化消费。全渠道运营对流通渠道更深层次的影响是，推动场景化消费在一定程度上替代渠道化消费。场景化消费是借助移动互联网等技术应用，实现消费者在各种生活场景中的各类即时性需求，能够实现快速引流和成交。

4. 社群、微商、社区化众包等关系型销售网络和共享经济快速发展

互联网也在改变人类社会的组织和生存模式。以互联网社交平台为代表的线上交流互动正在改变传统的社交模式。由这种新兴社交模式衍生的部落化社群商业业态也在改变着传统流通体系。一是微商等社交平台改变了传统的营销和导购模式，形成了以熟人、圈子和关系为纽带的商业推荐、营销体系。二是微信群、QQ 群等社群电商以集体订单、分享专业产品知识的形式提升了流通渠道的定制化和专业化程度。网络社交平台上的社群通过将有共同爱好的人聚集在一起，形成有类似收入、兴趣的消费群体，容易开发社群团购和 C2B 反向定制生产，经过社群充分讨论的产品，一般具有极高的定制化程度。这种社群电商充分发挥了关系型网络的优势，有助于产品创新、迭代和升级。三是社区化众包也是利用移动互联网实现基于社区关系的交易渠道、共享经济模式和业态。

第二节　互联网革命与制造业业态变革

一、互联网对制造业生产方式的影响

（一）互联网促使制造业实现大规模个性化定制

在互联网时代，传统的以大规模生产为主要特征、以降低生产成本为主要目标的制造业生产方式，已经越来越不适应日趋个性化、社会化的消费需求，而被大规模个性化定制生产方式所取代。大规模个性化定制生产方式是一种集制造企业、客户、供应商、员工和环境于一体，在系统思想指导下，用整体优化的观点，充分利用制造企业已有的各种资源，在标准技术、现代设计方法、信息技术和先进制造技术支持下，对接客户的个性化需求，以大批量生产的低成本、高质量和效率提供定制产品和服务的生产方式。

1. 互联网改进设计研发方式

制造企业的设计、研发环节属于微笑曲线的高端。在这些环节，通过应用互联网、大数据等信息技术将消费者对产品的特殊需求信息及时反馈传递到制造企业的研发、设计部门，甚至使消费者直接参与制造业研发、设计过程中，生产出满足消费者个性化需求的产品，并实现大规模个性化定制。

2. 互联网改造提升生产制造环节

制造环节是传统制造业生产过程的中心环节。在工业经济时代，制造业通行的生产方式是大规模制造和流水线生产，主要目的是发挥规模

经济效应，降低制造业生产成本，提高制造企业利润水平。在互联网革命时代，借助日益发展的网络信息技术，传统集中式大规模生产方式逐步发展为小规模、分散型、定制化生产模式，并进而发展为大规模定制化生产方式。规模定制化生产方式能够通过定制化生产，满足消费者日益个性化、差异化的市场需求。借助互联网等信息技术，制造企业能够建立所有生产要素协调配置的网络平台和系统，实现对各种生产要素的集中使用和有效配置，在保证规模经济降低成本的要求下，最大限度地满足个性化市场需求。

（二）互联网促使制造业数字化、网络化、智能化发展

1.互联网为网络化制造提供有效平台

网络化制造是指通过采用先进的网络技术、制造技术及其他相关技术，构建面向制造企业特定需求的基于网络的制造系统，并在该系统支持下，突破空间对制造企业生产经营范围和方式的约束，开展覆盖产品整个生命周期全部或部分环节的制造企业业务活动（如产品设计、制造、销售、采购、管理等），实现制造企业间的协同和各种社会资源的共享与集成，进而高速度、高质量、低成本地为市场提供所需的产品和服务。

（1）互联网建立制造企业与客户之间的互动关系。通过工业大数据等互联网平台，可以在制造企业与客户之间建立起有效的双向交流机制，进而在以下三个方面影响制造业的生产过程：一是制造企业与客户的双向交流机制帮助制造企业实现个性化制造；二是制造企业与客户的双向交流机制可以帮助制造企业提供更好的售后服务；三是制造企业与客户的双向交流机制可以帮助制造业有效预测未来的消费趋势和市场动态。

（2）互联网助推制造企业升级合作模式，实现更有效的合作。借助

工业大数据、工业互联网平台，制造企业不仅可以实现与单个制造企业的点对点链接，而且能够通过建立整个制造行业的资源功能共享平台，实现与平台内部所有制造企业的有效对接，从而整合、调配和共享所有参与企业的技术、资源等生产要素，增加合作的广度和深度。

（3）互联网实现制造企业内部信息互通和网络化协同。借助互联网与网络信息技术，可以实现企业内部与企业之间的信息互联与共享利用。首先，利用制造企业内部的互联网系统，实现制造企业内部信息的相互沟通，并进行全面、系统的信息加工、整合；其次，将制造企业信息系统与客户信息系统相接，获得客户的最新需求信息；最后，根据客户的需求信息，对制造企业的供应链、价值链等进行有针对性的改造与升级，优化制造企业内部管理机制。

2. 互联网为数字化制造提供有力支撑

数字化制造分为狭义的数字化制造和广义的数字化制造两个方面。前者是指将数字化技术用于产品的制造过程，通过信息建模和信息处理来改进制造过程，提高制造效率和产品质量，降低制造成本所涉及的一系列活动的总称。后者是指将信息技术用于产品设计、制造以及管理等产品全生命周期中，以达到提高制造效率和质量、降低制造成本、实现敏捷响应市场的目的所涉及的一系列活动的总称。在互联网时代，信息物理系统、制造云平台等是推进数字制造的有效工具和平台。

（1）信息物理系统（Cyber Physical Systems，CPS）有效促进制造业数字化发展。信息物理系统是集成计算、通信与控制于一体的新一代智能系统，它通过人机交互接口实现和物理进程的交互，使用网络化空间以远程的、可靠的、实时的、安全的、协作的方式操控一个物理实体。借助物联网和服务器，制造企业可以将生产过程中涉及的机器、存储系统、生产设施等都融入信息物理系统之中，构建起数字化物理网络系统，有效实现制造业与服务业的融合。

从生产制造全过程看，通过信息物理系统的智能机器、存储系统和生产设施的处理，实现基于信息通信技术的端到端的集成，实现相互独立的自动信息交换、过程控制，从根本上优化企业全价值链、全周期管理。基于信息物理系统的自组织网络，企业还可以根据业务过程的不同方面，如质量、时间、风险、价格等进行动态配置，更有效地保持供需的平衡。

（2）通过互联网构筑云平台推进数字化制造的实现。借助互联网技术，推进制造业云平台的建立，实现制造业数字化生产方式。

①建立针对大型制造业企业集团研发设计能力的数字化服务平台。这类制造企业可利用互联网等信息技术，整合集团内部现有的计算资源、软件资源和数据资源，建立面向复杂产品研发设计的数字化制造服务平台，为集团内部各下属制造企业提供所需的技术能力、软件应用和数据服务，从而增强产品创新设计能力。

②建立区域性资源数字化共享服务平台。利用信息技术、虚拟化技术、物联网以及射频识别（Radto Frequency IDentification, RFID）等先进技术，建立面向区域层面的数字化加工资源共享与服务平台，通过网络、数据技术实现区域内加工制造资源的高效共享与优化配置，促进数字化制造的发展。

③建立服务于中小制造企业的数字化云平台。针对中小型制造企业信息化建设资金、人才缺乏的现状，可借助互联网建立面向中小制造企业的数字化公共服务平台，集合相关的信息数据，提供产品设计、工艺、制造、采购和营销业务服务，提供数字化、信息化知识、产品、解决方案、应用案例等资源，为中小型制造企业发展提供新的动力。

二、互联网对制造业商业模式的变革

企业商业模式是一个企业通过提供产品或服务满足消费者需求,从而获得相应盈利的方式或系统。通过该系统形成对企业各种资源或要素(包括资金、原材料、人力资源、信息、品牌和知识产权等)的组织和配置。它具体分为运营性商业模式和策略性商业模式,前者主要解决企业与环境的互动关系,包括与产业价值链环节的互动关系;后者是对运营性商业模式的扩展和利用,涉及企业生产经营诸多方面,包括业务模式、渠道模式和组织模式等。在互联网时代,传统制造业商业模式已越来越难以适应市场环境的变化,必须进行创新,而互联网为制造业商业模式创新提供了有力的技术和平台支持。

(一)互联网平台创新传统原材料采购方式

在互联网时代,制造企业借助互联网技术有效改变了原材料采购方式,从而解决了传统工业经济条件下原材料供需往往难以均衡的难题,并明显降低了制造企业的采购成本,从而提高了原材料采购效率。

(1)在原材料采购过程中,通过互联网有效地建立起包括交易双方、服务部门、支付机构在内的成熟信用平台,使采购过程中涉及的保险机构、金融机构、供应商和客户等主体间实现高度协同,便于原材料交易信息的流动和传播,提高交易效率。

(2)互联网为制造企业实现内部原材料系统管理提供了技术保障。制造企业利用互联网建立内部材料采购成本管理系统和相关数据管理中心,将原材料采购部门、仓库和其他有关管理部门的所有信息整合到同一系统平台内,从而显著优化企业采购流程,提高采购效率。

(3)网上采购降低了原材料采购成本。互联网平台自身具有开放性特点,具有相同需求的制造企业以及具有类似原材料的供应商,可共同组成网络市场进行交易,有利于提升原材料市场竞争程度,同时明显降低原材料成本。另外，互联网平台可为原材料供应商提供网络销售渠道，避免实体销售店造成的成本上升。当然，通过互联网进行原材料采购也存在一定的潜在风险，主要表现为：由于无法对实物进行现场检验，买卖双方存在一定的信息不对称性，可能导致原材料质量难以保证；同时，网上退货、换货会提高采购成本。为此，在使用互联网平台购买原材料时，需要制定相应制度，确保原材料采购效率的提升。

（二）互联网形成线上、线下市场营销新模式

产品销售是制造企业最关注的运营环节。在互联网经济时代，制造企业通过形成线上、线下相结合的营销模式，大幅提升了产品与服务的营销效率。首先，互联网将打造制造业数字化、网络化、智能化营销新模式。目前，制造企业正在积极尝试利用互联网技术，通过互联网、大数据等先进技术，快速、有效地把握用户实际需求，进而针对客户偏好的用户体验流程改善营销手段和方式，重新打造企业销售环节，以更好地满足用户体验，确保制造产品和服务的内在价值被充分发掘，同时利用互联网技术开展无所不在的营销，迅速占领国内外产品和服务市场。其次，互联网形成制造企业线上、线下协同营销模式。借助互联网平台，制造企业实行线上、线下协同营销、相互支持的新营销模式，大大提高了产品销售效率，同时为消费者提供了极大方便。

（三）互联网促进制造业服务化

《中国制造2025》明确指出，"加快制造与服务的协同发展""推动发展服务型制造"，而"互联网+"行动计划的实施，为制造业和服务业融合、加速制造业服务化提供了重要条件。

1.依靠互联网，制造企业可提供产品之外的多项附加服务

"互联网+"通过连接用户和制造企业，为制造企业提供多元化服务创造了有利条件，包括从研发、设计、生产到售后的各个环节等的服

务，从而形成与传统制造企业的差异化竞争优势。

2.互联网平台使得产品交易渠道更加便捷化

在互联网等信息技术作用下，众包、电商、网购等新的业态促进了产品交易的便捷化。借助互联网等信息技术，制造企业可通过多元化金融服务、精准化供应链管理和便捷的电子商务等新业态提高产品、服务的交易效率和便捷程度，并增强制造企业的服务化能力。

3.借助互联网有效整合产品与服务

随着消费水平的提高，客户的需求已经从单一的产品需求向产品加服务的方向发展。能否为客户提供产品加服务的系统解决方案，成为影响制造企业能否赢得市场的重要因素。[①] 制造企业借助互联网、大数据等信息技术，向客户提供多元化产品和服务消费，实现产品和服务的一体化整合，更好地满足消费者需求。

三、互联网促进全球制造业价值链融合与重构

价值链是制造企业创造价值的相互独立又相互联系的系列活动，包括从零部件供应商获取基本原材料到把最终产品交付到最终用户手中的全部活动。目前，我国制造业主要处于全球价值链的加工、制造环节，附加价值较低，在研发设计、品牌销售等"微笑曲线"的两端环节发展不足。互联网不仅提高了单个制造企业的效率，而且使得整个制造业价值链结构发生优化和重构，这对我国突破价值链低端锁定、加快向"微笑曲线"两端移动提供了重要契机。

---

① 中国国际经济交流中心课题组：《互联网革命与中国业态变革》，中国经济出版社 2016 年版，第 227 页。

（一）互联网促进了制造业价值链结构的优化

1. 互联网将优化制造业价值链的现实结构

制造企业通过信息化平台，对价值链各部分进行重新整合优化，强调那些能够带来价值增值的部分，削减掉不必要的中间环节，实现制造企业业务的低成本、大规模的扩张。网上交易缩短了制造行业价值链的长度，节约了采购时间，加快了资金及物流的周转，促使制造企业进行有效的采购管理和成本控制，最终提高了制造企业的市场竞争能力。

2. 借助互联网可完善制造企业的价值链发展战略

借助互联网，制造企业价值链各环节之间可以进行信息共享，改进和强化制造企业的信息流、资金流和物资流的集成管理，根据外部环境的变化及时调整自己的竞争战略和运营模式。随着制造企业信息化的进一步深入，企业间价值链的重组将衍生出具有高度专业化及网络化的虚拟制造企业形式，虚拟制造、合作制造等成为制造企业新的发展战略。例如，宝洁公司非常重视依靠互联网实现自身研发环节的不断提升，它把高墙内的"研发"改为面向全球的"联发"，创建了"联系+发展"网站，将研发过程中遇到的困难或需求贴到网站上，供人们讨论交流；同时，创立了 YourEncore 网站[①] 寻求问题的解决方案，并且充分利用外部网站"创新中心"，将公司内部员工解决不了的问题利用互联网平台进行解决。

（二）互联网促进了制造业价值链运行效率的提升

互联网通过线上交易和系统集成提升制造业价值链的运行效率。利用互联网，制造企业可以把客户订单及时提供给各生产部门和原材料零

---

① 一个由退休的专业人士组成的众包平台，主要服务于那些渴望研发出创新消费品的大型企业。

部件的供应商，使供应商降低成本、及时供货并缩减库存成本，也使制造企业与供应商可以根据产量来协商搭配零部件和产成品的供需要求。制造企业利用在线系统检测销售量，准确地预测顾客的需求，在察觉购买者需求变动时及时调整自己和供应商的生产计划。客户订单与供应商的数据共享，以及制造企业资源计划软件和制造控制系统软件的应用使得客户定制产品的生产成本大大降低，同时也大大降低了劳动成本、缩减了生产时间。互联网信息的即时性以及数据共享和获取信息的及时性，将会进一步打破运营制度化、降低营业费用。整个支持办公的数据管理过程，如订货过程等各种交易成本的管理过程将会变得更迅速、准确，并减少文件处理所需的人力投入。在线商务处理降低了交易成本，这些都将提高制造业价值链的运行效率。

（三）互联网促进了制造业价值链各环节的融合式发展

"微笑曲线"将一条产业链分为三个区间，即研发与设计、生产与制造、营销与品牌。生产与制造属于产业链上的低利润环节，而两端的研发与设计、营销与品牌则属于高附加值、高利润环节。在当今国际分工条件下，中国制造主要处于国际价值链的低价值环节，即主要从事"微笑曲线"中间环节的加工制造部分。通过互联网技术，以网络协同模式开展工业生产，制造企业将不再自上而下地全面控制生产，而是将制造生产环节外包给专门从事生产的制造企业，同时投入设计与研发、销售与品牌等具有高端价值的"微笑曲线"两端环节，进而使得各个价值链环节协同推进、融合发展，保证制造业价值链融合与升级的顺利实现。借助互联网平台，制造企业、客户及利益相关方纷纷参与到价值创造、价值传递及价值实现等的生产制造各环节中来，研发与设计、生产与制造、营销与品牌的相互边界越来越模糊，价值链出现融合发展的趋势。

（四）互联网为我国制造业向国际价值链高端跃升提供强大动力

1. 互联网有助于推进我国制造业价值链的提升

目前，我国制造业已基本实现工艺流程和产品的升级，应着重推动功能和链条升级。第一，借助互联网突破上游研发与关键核心部件和技术的限制。由于互联网具有开放性和全球性，我国制造业能够更加便捷地获得国外的相关技术及实践经验，便于组织"重点突破计划"，攻克制约重点产业发展的关键基础材料、核心基础零部件和关键设备的技术，掌握产业链的上游环节。第二，借助互联网加快提升我国工业设计能力。互联网技术中有关工业设计的技术，经过快速发展获得新的功能，将有效促进我国功能设计、结构设计、形态设计及包装设计等工业设计产业的发展，有效支持国家级工业设计中心的创建。第三，借助互联网创造新的制造业服务形态，特别是提升销售服务的水平。充分利用互联网、物联网、云计算、大数据等新一代信息技术，为发展制造业新型服务形态，特别是提升销售服务的水平提供有力支持，由此提升我国企业在国际价值链上的附加值。

2. 互联网有助于推动我国制造业价值链结构的优化

这主要是通过助推我国部分制造业向低收入国家转移来实现的。第一，互联网将有助于创建以我国制造企业为主导的全球采购网络和经贸平台，推动部分产业"走出去"，实现国际产能合作。依靠互联网技术，国内制造企业可构建大型全球经贸平台，实现采购、生产、销售的全球化，进而与欧美等发达国家零售商建立起紧密的关系，成为欧美采购商与亚洲及其他发展中地区制造企业的中介，将部分不具有比较优势的生产加工环节外包给低收入国家的第三方生产商，从而形成"制造三角"。第二，互联网推进我国制造企业的对外直接投资和海外并购。依靠互联网构建交互式公共信息服务平台，能够及时发布海外相关行业的发展和需求信息，支持制造企业通过对外投资，直接利用和整合国外优秀的人才、科技和资源，并绕开贸易壁垒进入国际消费市场，从而开展有效的国际产能合作。在"一带一路"倡议下，借助互联网加快我国制造企业的对外直接投资和海外并购，前景巨大。第三，可借助互联网平台和大数据技术等，支持我国制造企业通过海外并购，获取境外先进技术、研发能力、品牌和国际销售渠道，提高我国在全球分工中的地位。

四、互联网对制造业管理方式的影响

（一）互联网更新传统制造企业管理理念

在传统的制造企业经营管理理念中，制造企业管理者往往是以厂商为中心，追求标准化、大规模生产，以此降低生产成本，获得竞争优势。在互联网时代，制造企业生存和发展的权利已经由制造企业转向用户，用户的需求成为制造企业生产、制造的导向。由于用户需求呈现出明显的碎片化、个性化、体验化的特点，这也要求制造企业要打破传统的管理理念，重新审视和思考市场、客户、产品、价值链，乃至整个管理模式，进行管理理念的创新。拥有新管理理念的制造企业领导者，能够融合开放、协同、共赢的思想，帮助制造企业由生产型向服务型转变，由传统的厂商为中心的管理方式，转变为以消费者为中心、以个性化销售、柔性化生产和精准化服务为重点，使制造企业与员工、产业链上下游、合作者及竞争者等各个参与主体，共同形成利益有机整体，实现管理理念的转型。

（二）互联网完善制造企业信息化管理系统

1.互联网完善制造企业内部信息化管理系统

互联网技术的应用，使得制造企业内部管理的电子化、信息化水平提高，建立制造企业内部信息化管理机制，推进制造企业经营管理变革与升级。通过制造企业内部的互联网平台，制造企业能建立高效的内部信息管理系统，信息共享更加便捷、广阔、多元，在确保及时、全面送达信息的同时，提高了管理效率和协调程度。互联网制造企业可以构建网络化协同制造公共服务平台，面向细分行业提供云制造服务，促进创新资源、生产能力、市场需求的集聚与对接，提升服务中、小、微制造企业能力，加快全社会多元化制造资源的有效协同，提高产业链资源整合能力。

2. 互联网促进制造企业移动化管理体系的建立

传统的上传下达的管理方式不够高效，往往导致意见反馈滞后、工期延误等问题。在互联网技术及设备的支持下，部分制造企业更新了移动办公设备，利用互联网开展审批业务，使得管理简单高效。"云之家"等应用软件已经在部分制造企业得到应用，移动化管理体系正在逐步被建立起来，从传统的制造企业一体化管理转型升级到互联网下的制造企业一体化管理，工作效率得到显著提升。

3. 互联网形成制造企业扁平化管理组织

传统的组织架构，是金字塔式的，信息需要层层传递才能传递到一线员工，沟通的效率低下。但是，在"互联网+"的时代背景下，制造企业需要对市场的需求做出第一时间的反应，从而赢得顾客。此时，如果仍然采用金字塔式的结构，就无法对市场信息做出迅速的反应。因此，制造企业必须对组织架构进行创新，减少管理层次，把结构变得更加扁平化。扁平化组织架构，可以消除层级，加快决策，促进员工和管理层直接沟通，有利于提高员工的工作积极性，刺激员工创新。这种结构很适合"互联网+"的时代背景，有利于制造企业的长期发展。

（三）互联网提高制造企业的人力资源管理水平

1. 互联网促进制造企业生产管理向人本管理转变

现代制造企业管理理论包括准时制生产理论、精益生产理论等，但这些理论多数是从生产管理的角度考虑的，并以降低生产成本、提高企业收益为目标。但在互联网时代，知识、信息、技术等无形资产成为制造企业生产的决定性资源要素。与此同时，日趋个性化、特色化的消费需求，对制造业生产经营和管理提出新的要求，特别是对人本管理理论更加重视。互联网为人本管理提供了强有力的技术支持和平台支撑。一方面，通过先进的互联网技术，制造业生产方式更加灵活，生产地点不受约束，工作时间弹性明显加大，时间、空间限制大大降低；另一方面，员工劳动强度显著降低，有更多的时间和精力用于产品设计、研发等更能体现创新性、自主性的环节。在这种新的企业与员工关系中，制造企业生产管理必然要向人本管理转变。

2. 互联网促进企业员工行为与企业目标相一致

企业借助互联网工具，有利于培育员工的参与意识和责任感，使各部门员工充分了解企业的总体目标和相关信息，通过网络平台充分听取员工的意见与建议，从而增强员工的参与感、归属感和责任感，增强员工对企业的凝聚力，使企业员工行为取向与企业目标相一致，最大限度地激发员工的积极性和创造性。

第三节　互联网革命与农业业态变革

一、互联网对我国农业生产方式的影响

（一）互联网形成智能农业生产方式

智能农业要求实现农业生产全过程的信息感知、智能决策、自动控制和精准管理，使农业生产要素的配置更加合理化、农业从业者的生产活动更有针对性、农业生产经营管理更加科学化。现代管理知识与农业物联网技术相结合，为农户实现精细化种植、信息化管理、自动化控制和数字化决策提供强有力的技术支持。同时，随着互联网向物联网的发展演进，物联网技术下精准农业将得到越来越快的发展，农业生产过程的控制将更加精准，从而促进我国经验式农业生产转向精准式农业生产。一是在农业机械作业方面，将GPS、GIS等现代信息技术装备应用于农场大型农业机械，实现农业机械自动驾驶、施肥、喷药和播种等。二是在田间管理方面，把遥感、视频等先进技术应用于田间作物生长监测和农业管理系统，实现农作物生长动态监测和人工远程精准田间管理。在病虫害及自然灾害防治方面，依托地面自动气象观测站、数字化天气雷达、病虫害数据录入系统及病虫害数据管理测报专家系统，实现病虫害及自然灾害监测与预防的智能化。另外，种植前借助互联网、电商平台、专家库等选择适宜的种子、化肥等农资产品，可提高农资产品的质量。三是在智能化农业生产管理平台方面，互联网带来的农业智能化浪潮，是以计算机为中心，对当前信息技术的综合集成，集感知、传

输、控制、作业为一体，依靠互联网、移动互联网和物联网等信息技术对传统农业机械进行改造升级，进而搭建信息化智慧农业管理平台。通过大量传感器节点构成监控网络，通过各种传感器采集信息，帮助农民及时发现问题、准确判断问题成因，并有效解决问题。农业将逐渐地从以人力为中心、依赖于孤立机械的生产模式，转向以信息和软件为中心、大量使用各种自动化、智能化、远程控制机械设备的生产模式，从而极大地提高农业生产效率。

（二）互联网提升农业生产的标准化水平

农业标准体系以农业技术标准为主，同时包括农业管理标准和农业工作标准。运用互联网等信息手段宣传引导，可增强国内农业标准化意识；借助互联网聚合的力量，完善农业标准制定和修改工作；通过互联网改善标准监管方式，有效保证农业标准的推行与示范。第一，可利用互联网建立农业标准信息库。利用互联网、大数据、云计算等信息技术，建立农业标准信息库，在农业全景领域，实时提供农业标准动态数据。第二，利用互联网建立农业标准使用规程。借助互联网，可有效组织制定农产品生产、病虫害防治、检验检疫、农产品加工、农村资源环境保护以及种植养殖等农业各类技术和管理的标准使用规程。第三，发展精准化、高标准生产方式。在农业基础相对较好的地区，可普及基于环境感知、实时监测、自动控制的网络化农业环境监测系统。在大宗农产品规模生产区域，可构建天地一体的农业物联网测控体系，实施智能节水灌溉、测土配方施肥、农机定位耕种等精准化作业等。

（三）互联网创新高效设施农业生产模式

高效设施农业是利用人工设施创造出的一种最适合农作物生长需要的条件，或人工模拟农作物生长的自然环境以实现人工控制条件下的作物生产，从而更好地满足人们对高效农产品的需求。高效设施农业是进行集约化种植业生产和养殖业生产的农业生产方式，有利于实现农业高产、高效和优质生产。互联网有利于创新高效设施农业生产模式，表现为通过互联网实现对设施农业温室环境的有效控制、对设施农业生产的有效管理和对设施农业经营过程的有效调控等。

（四）互联网完善农副产品质量安全追溯体系

安全问题已成为我国农副产品生产经营的最大难题，也是举国关注的焦点问题。借助互联网技术，农民可对生产过程中的化肥、农药等的使用加以控制，使所生产的农产品摆脱超标化肥、农药的困扰，从而提供更多质量合格、绿色环保的无公害农副产品。从产业链角度看，借助现有互联网资源，可构建农副产品质量安全追溯公共服务平台，推进农副产品制度标准建设，建立科学的产地准出与市场准入衔接机制。依靠移动互联网、物联网、二维码、无线射频识别等信息技术在生产加工和流通销售各环节的推广应用，消费者可准确了解所购买农副产品的追溯信息，包括耕种地点、采摘时间、采摘人、包装日期等。政府监管部门也据此建立上下游追溯体系，实现农副产品"从农田到餐桌"全过程的可追溯，从而有效保障"舌尖上的安全"。

二、互联网创新现代农业销售模式

（一）借助互联网构建农产品电子交易平台及物流交易体系

1. 互联网促进农产品电子交易平台的建立

随着智能移动终端的发展，农业电商发展所需的外在基础条件日趋完善，农业电商平台的兴起有效克服了长期困扰农产品市场的信息不对称问题，减少了产品到达用户的中间渠道环节，降低了购销双方大量交易成本。通过互联网有效整合农业生产者、经营者和消费者，搭建农产品交易电子商务平台，为众多农业企业提供优质的网络交易服务，并将农业生产者和经营者紧密联系起来，可有效保障农产品供销渠道的畅通，降低交易成本，增加农民收入。另外，通过互联网采购和营销，可跨越农业地域界限，打破信息不对称和区域地理界限所造成的交易壁垒，提高交易效率。

2.互联网构建农村互联网物流交易体系

互联网信息传递方式具有扁平化、透明化等特点，这在很大程度上克服了传统农业发展方式下由于产销产业链较长而造成的信息不对称等缺陷，从而有效推进农产品流通方式创新。在互联网作用下，农产品互联网物流交易出现两种主要方式：一是基于互联网技术和物流配送系统的大型农产品交易集散中心的建立，这种集散中心将集储运、批发、交易、拍卖等多种功能于一身，依托互联网数据，实现实时行情交易。二是以大宗交易为主的批发销售电商交易平台，以阿里巴巴为代表，农产品的大宗消费特征催生了以大宗农产品交易为主要特征的电子交易平台。根据大宗农产品及其交易特征，在线上提供信息服务，达成交易契约，线下完成农产品代加工、物流配送与交割、结算及所需的垂直服务。

（二）互联网实现对农产品市场的有效预测与开发

1.借助互联网，可有效控制农产品市场风险

一般情况下，农业由于种植养殖期较长，市场预测偏差较大，作为农业经营主体的农民及农业企业，很难对未来的市场经营行情做出准确判断。在互联网时代，基于大数据支持的市场分析，将大大提高农产品市场预判的准确性，从而降低农牧企业的经营风险，降低农业生产型企业的原料成本。以生猪养殖为例，通过大数据技术，不但可以将猪的生长情况实施全程监控，还可以有效了解猪的出栏时间、对接商超、预期收益等信息。养殖企业和屠宰企业能够有效了解市场行情，实现市

场信息的透明和有效沟通。另外，通过大数据和云计算对养殖周期进行预测。利用云计算、大数据对相关情况的庞大数据进行研究、分析、判断，建立信息系统，对行情的走向进行有效预估和预警，可有效降低养殖周期对企业和农民的影响。

2. 借助互联网，可有效掌控农产品消费变化趋向

通过对农产品大数据的精准分析，能够有效把握消费者的现实需求和潜在需求，从而针对需求信息安排农产品生产，提供相应的市场供给。互联网还使农产品企业与客户之间实现适时、实时对接与沟通。目前，国内不少农业企业的微信、微博平台已获得了良好的粉丝基础，基于粉丝团进行针对性的产品调研，发挥粉丝的力量参与最新农产品的开发、设计，从而使最新农产品生产具有了更广泛的市场基础，也更好地掌控农产品消费变化趋向。

（三）互联网有助于打造知名农业品牌

1. 互联网平台为快速塑造农产品品牌创造了有利条件

由于几乎每种农产品都有独特的地理条件，因此，农产品具有一定的地方特色，打造农产品品牌，走品牌化发展之路就成为农产品摆脱地理区域限制的必由之路。在互联网时代，各种新媒体是农产品品牌营销的最佳工具。依据农产品的地理条件、人文背景、城市文化、产品知识、历史典故等，打造各具特色的农产品品牌，同时借助社会化新的网络媒体平台，可迅速扩大农产品品牌的影响力。

2. 互联网平台有利于快速做大做强品牌农业经营主体

依靠互联网平台，围绕畜牧、蔬菜、林果等主导农业产业，可有效培育、扶持有较强开发加工能力和市场拓展能力的农业品牌经营主体。通过基地建设、网络订单、股份合作等途径，鼓励企业、合作社与农户之间建立更加稳定的产销合同和服务契约关系，形成以品牌为根本，以

网络平台为载体，将分散的千家万户联合成一个利益共同体，实现小生产与大市场的有效对接，从而做大做强品牌农业经营主体。

（四）互联网创新龙头企业产业化经营模式

农业产业化龙头企业是指以农产品加工或流通为主，通过各种利益联结机制与农户相联系，带动农户进入市场，使农产品生产、加工、销售等各个环节有机结合、相互促进，在规模和经营指标上达到规定标准并经政府有关部门认定的企业。依靠互联网，可以有效地推进农业龙头企业产业化经营模式。

1. 在生产环节结合方面

龙头企业依托互联网手段，通过便捷的网络通信渠道将市场供求变化和先进的农业科学技术传输到田间地头，辅助农民进行科学的生产决策，并积极引导小农经营向规模化、集约化方向发展。

2. 在加工环节结合方面

龙头企业应用信息技术实现对原料采购、订单处理、产品加工、仓储运输、质量管控的一体化管理，实现企业内部生产加工流通各环节信息的顺畅交流和资源的合理配置，促进企业管理科学化和高效化。

3. 在销售环节结合方面

利用射频技术和传感技术，实现农产品流通信息的快速传递，减少物流损耗，提高流通效率；引入商业智能和数据仓库技术，龙头企业可以更加深入地开展数据分析，提供有效的市场决策，积极应对市场风险；通过打造电子商务和网络化营销模式，实现农产品销售不再受地域和时间的制约，促进农业生产要素的合理流动，构建高效低耗的流通产业链。

4. 在消费环节结合方面

利用物联网技术建立农产品安全追溯系统，对消费的农产品的来源、经过的环节、增值的过程都通过产品标识或者信息编码的方式传递给最终消费者，让原本游离于产业运行体系之外的消费者能够了解农产品的相关质量信息，促进放心消费。

三、互联网优化农业经营管理与服务体系

（一）互联网优化农业管理体系

1.互联网提升农业生产经营管理水平

现代农业要求以智能化工业设备装备农业，以先进科学技术改造农业，以产业链、价值链、供应链等现代管理方式经营农业。借助互联网，可有效建立包括农资经营单位管理、农产品生产基地管理、农业投入品管理等在内的现代经营管理系统。例如，在农场管理中，借助互联网，可建立农场总部与下属分场的管理网络和农场的企业资源计划系统，通过互联网实现农场总部和下属分场之间的采购、管理、财务和生产计划管理等信息的共享和业务协同。面向农业企业、农业合作社、农民个体户等经营主体，互联网可提供全面的操作平台与应用接口，通过整合各类农业信息资源，实现农业数据的数字化传输、储存与处理，搭建精准、及时、全程顾问式的经营管理平台，从而显著提升农业生产经营管理水平。

2.通过社群化运营构建新型农业生态圈

资金、劳动力、土地、技术是农业生产经营的四大基本要素。互联网将散落在各地的分散需求聚拢在一个平台上，形成新的共同需求，这对农业用户来讲，实际上是形成了一种新的社交关系。通过加入农业经营主体、农资厂商、农技推广人员等其他参与要素，搭建起自己的交流平台和社交圈。将网上高质量农技、资金等服务，通过互联网建立的农业社交平台，嫁接到农业的网络服务中，以服务于农业经营主体的生产

经营活动。同时，通过互联网农业社交平台，打通农业上下游及相关服务，并将这种服务嫁接到合作社、种植大户等主体层面，将传统农耕下分散、独立的农民交流方式，转变为整体、系统的平台交流，从而大大扩大了农业管理幅度，提升了农业管理效率。

3. 互联网形成农业合作社新型服务和管理模式

农业合作社已成为我国目前重要的农业经营主体，在农业发展中发挥重要作用。农业合作社以专业大户和技术能手为骨干，由从事某种专业生产经营的农民为主体，对内以提供服务为主，对外则实行商业化经营，讲求经济效益，以减少市场风险和增加农户收益为根本目的。在互联网时代，借助互联网与大数据等信息平台，可形成农业合作社的新型服务和管理模式。一是用现代化网络通信、计算机及空间信息技术建设合作社办公系统，实现合作社办公、成员管理及农业经营等的信息化，从而提高农业合作社的管理水平；二是通过建设网上农业专家系统，为合作社成员产前、产中、产后提供及时、科学的指导；三是通过建设合作社网站和电子商务平台，通过网站发布农产品价格信息，提供在线销售，可大幅提升合作社农产品销售效率。

（二）互联网创新农业技术与机械服务体系

1. 互联网改善农业技术服务体系

借助互联网，可通过以下三个途径建设更加有效的农业技术服务体系。第一，依靠互联网建立农技知识库。运用云计算、数据挖掘等技术，收集处理作物苗情、土情、肥情、病虫害、气象、生态、畜牧、水产养殖及各种灾害等方面的大量数据，并通过互联网收集农业专家、生产者和其他人员的智慧和经验，收集整理农业生产规律和相关知识，共同形成农技知识库，为广大农民提供全面的农技知识。第二，建立农技专家库。基于网络技术开发建设农业专业领域的科技专家库，收录农技专家信息，农民通过专家库查询相关专家，并为其答疑解惑，指导农业生产。第三，建立互联网农技专家诊断系统。运用互联网及多媒体技术，通过农技专家在线跨区域向农业生产管理提供咨询服务，对农业病害实时诊断，指导科学生产。

2. 互联网创新农业机械服务体系

在互联网作用下，农业机械智能化水平将得到进一步提高。与此同时，借助互联网、物联网等信息技术的应用，还将大幅提升农业机械服务水平。第一，加强农机监管。依靠互联网建立农机信息系统，完善农机信息上报制度，加强农机管理部门和农机用户、生产者的联系，发布最新的农机科技信息和农机发展动态，管理和规范农机市场。第二，提供农机远程服务。运用互联网通信技术、定位技术，实现农机作业定位、远程调度、农机信息服务、农机安全管理、农机呼叫中心和专家咨询等多项功能。第三，提供种植、养殖等的机械化服务。通过互联网和物联网，可有效开展农机跨区域作业，提升农机使用效率。

（三）互联网改善农业普惠制金融服务体系

1. 互联网提升农业小额信贷服务

随着城镇化的推进以及农村互联网的普及，小额信贷服务将产生巨大的市场需求。把互联网金融引入农村地区解决农村地区资金需求的"贷帮网"，以及把电商、互联网金融直接用于农业项目开发的"耕地宝"等，帮助农业创业者及时找到所需资金，并帮助投资者实现财富增值。随着智能手机在农村的普及、5G 网络商用在农村的推进以及网络资费的下调等因素的作用，农村金融特别是农村小额信贷将得到进一步快速发展。

2. 互联网推进农业保险服务向广度和深度发展

随着农民生产经营的规模化和资金投入的扩大，农民的风险意识不断增强，农业保险就成为农业发展所必需的金融产品。目前，种植业险种主要是小麦、玉米、棉花等农作物。随着互联网技术与农业全产业链的深度融合，运用互联网的信息采集能力以及大数据分析能力，农业保险赔付率高的问题可得到有效解决。

3. 互联网促进农业众筹快速发展

2015年8月，国务院印发《关于促进融资担保行业加快发展的意见》，明确指出要通过新型融资担保促进"三农"发展，而农业众筹是重要的方面。目前，依靠互联网推进农业众筹已在我国多个地区展开。农业参与众筹的最大好处在于，可以获得从创意到市场开拓全过程的配套服务，将众筹业务链条延伸至农业领域，将为接下来的农业众筹起到示范作用，推动农业众筹业务模式的革新。随着众筹模式应用的日益成熟，众筹与农业的合作方式必将更加多样化，从而使众筹双方实现互利双赢。

参考文献

[1] 鲍宏礼：《产业经济学》，中国经济出版社 2018 年版。
[2] 多金荣、夏田：《城镇绿色产业经济研究》，吉林出版集团股份有限公司 2016 年版。
[3] 樊秀峰：《贸易经济研究》，陕西人民出版社 2022 年版。
[4] 顾江：《文化产业研究产业创新》，南京大学出版社 2020 年版。
[5] 黄勇：《浅谈产业经济与新媒体融合发展模式》，《科技传播》2019 年第 13 期。
[6] 焦延世：《试论统计方法在经编产业经济管理中的应用》，《产业科技创新》2019 年第 31 期。
[7] 李晓鹏：《故事中的经济学产业经济》，接力出版社 2023 年版。
[8] 梁静、马威、李迪：《经济学》，电子科技大学出版社 2020 年版。
[9] 林俊：《开放型经济高质量发展问题研究——基于江苏产业结构调整视角》，光明日报出版社 2021 年版。
[10] 刘路：《"互联网＋"时代四川省文化创意产业的新型业态研究》，四川人民出版社 2018 年版。
[11] 刘玺男、邹子龙：《网络新媒体下的农产品直播产业经济与大众消费心理透视》，《中国市场》2023 年第 30 期。
[12] 卢玉志等：《基于金融集聚视角的河北省互联网金融产业发展研究》，经济管理出版社 2017 年版。
[13] 马瑞杰：《数字经济背景下新媒体产业发展研究》，《河南农业》2023 年第 30 期。
[14] 彭志荣：《产业经济管理研究》，电子科技大学出版社 2017 年版。
[15] [法] 让·梯若尔：《产业组织理论》，张维迎总译校，中国人民大学出版社 2024 年版。
[16] 佘曙初：《区域文化资源与旅游产业经济协同发展研究》，经济日报出版社 2019 年版。
[17] 水木然、廖永胜：《新零售时代未来零售业的新业态》，机械工业出版社 2017

年版。
[18] 孙保国：《现代材料产业经济管理的现状与发展趋势的分析——评〈战略性新兴产业新材料报告〉》，《材料保护》2020年第6期。
[19] 唐晓乐、刘欢、詹璐遥：《数字经济与创新管理实务研究》，吉林人民出版社2021年版。
[20] 王海岳：《新媒体融合对产业经济发展的影响》，《数字通信世界》2020年第5期。
[21] 吴大有：《互联网时代的商业变革》，天津人民出版社2018年版。
[22] 严炜炜：《产业集群创新发展中的跨系统信息服务融合》，武汉大学出版社2017年版。
[23] 张颖婕：《区域优势产业与区域经济发展研究》，经济日报出版社2019年版。
[24] 赵洪斌：《中国出版产业结构研究理论、现实与发展趋势》，中国传媒大学出版社2017年版。
[25] 赵凯：《产业结构与产业政策调整理论研究》，清华大学出版社2016年版。
[26] 赵延琦：《浅谈新媒体与产业经济发展的融合之势》，《记者观察》(下)2019年第5期。
[27] 周升磊：《乡村振兴同脱贫攻坚有效衔接期间农村产业经济管理存在的问题及对策研究》，《农业开发与装备》2023年第5期。